价值投资经典

价值投资常识

常 宏/著

《价值投资常识》是一本投资者学习和践行价值投资方法的实战技术指南。

本书通过作者投资体系的基本面、估值面和仓位面策略,结合定性分析、定量分析、七大有效估值方法、仓位管理策略、安全边际分析、交易心理分析以及未来投资机会分析,从优秀行业中,精准锁定合理估值和低估值的标的企业。独到的价值投资实战策略和估值线的使用,将帮助投资者在实践中找到建仓、加仓、减仓和清仓的有效时机和方法,从而在股市中获得更多的收益。

图书在版编目(CIP)数据

价值投资常识 / 常宏著.—北京:机械工业出版社,2019.5 (2020.1 重印)
(价值投资经典)
ISBN 978-7-111-62579-7

Ⅰ.①价… Ⅱ.①常… Ⅲ.①股票投资-基本知识 Ⅳ.①F830.91

中国版本图书馆 CIP 数据核字(2019)第 078348 号

机械工业出版社(北京市百万庄大街 22 号 邮政编码 100037)
策划编辑:李 浩 责任编辑:李 浩
责任校对:李 伟 责任印制:张 博
三河市宏达印刷有限公司印刷
2020 年 1 月第 1 版第 3 次印刷
145mm×210mm・10.25 印张・3 插页・208 千字
标准书号:ISBN 978-7-111-62579-7
定价:88.00 元

凡购本书,如有缺页、倒页、脱页,由本社发行部调换

电话服务	网络服务
服务咨询热线:010-88361066	机 工 官 网:www.cmpbook.com
读者购书热线:010-68326294	机 工 官 博:weibo.com/cmp1952
	金 书 网:www.golden-book.com
封面无防伪标均为盗版	教育服务网:www.cmpedu.com

推荐序一

雪球网知名用户 草帽路飞

当我在十几年前踏入股市的时候,恰逢中国历史上一轮最波澜壮阔的大牛市的尾声。和每一个刚入市的懵懂者一样,追涨杀跌,听股评、看图形,成为我当时的真实写照。

直到 2009 年巴菲特自传《滚雪球》问世,读完大师传记,我的投资理念被彻底改变。我终于找到了衡量一只股票价格高低的"锚",这个"锚"就是:股票背后所代表企业的基本面估值。在两三年的时间内我如饥似渴阅读了几十本国外的投资著作。在与格雷厄姆、巴菲特、戴维斯、林奇等大师们的思想碰撞之后,我最终发现:价值投资是股市里长期制胜的唯一法宝。大道至简,殊途同归。

略显遗憾的是,这些书籍里所提到的都是国外市场的经典投资案例。市场环境不同,时代也在变迁,在国内没有生搬硬套的机会。更难的问题随之而来,价值投资理念是上层建筑,没有扎实的财务基础做支撑也是空谈。当时在国内几乎找不到一本基于价值投资理念、从财务基础入门,且大量引用国内案例的投资类书籍。

机缘巧合,当春节前夕常宏把《价值投资常识》初稿拿给我看的时候，我惊喜地发现，我多年期盼的东西就在眼前，中国新一代价值投资人终于成长起来了，价值投资的种子在国内生根发芽了。

常宏的《价值投资常识》从价值投资理念构建，到财务基础知识解读，再到实战案例分析，面面俱到又契合当下国内市场行情，行文浅显易懂又不乏深刻总结之处。非常适合初入股市的股民学习价值投资，这也是一本指导投资人定期审视自我的典藏精品。

书中对诸如"双面杠杆""逆向思维""复利人生"等价值投资理念的推演与提炼，体现了作者的功力，没有多年日积月累的思考不可能有如此深刻的总结。数百张企业财务、行业指数以及国内外投资统计图表，数据翔实，花费作者大量心血，是十分难得的统计数据。核心案例部分对格力电器、农业银行、伊利股份、中国平安、贵州茅台等几只白马股深入剖析，用长周期的鲜活案例有力支持了价值投资在国内市场的成功实践。

最难能可贵的是，这本书写于2018年这个"十年一遇"的大熊市中。在漫长熊市的煎熬中，作者依然保持着对股市投资真谛的清醒思考。在熊市里为我们展现价值投资的数据魅力。这本身就是对价值投资可以跨越牛熊、长期制胜的有力证明。

在视听纷杂的当下，很少有人能静下心来去思考投资的本源，很多人一开始就是缺乏一个无声的导师，而误入趋势投机的深渊。十字路口的一个方向选择，可能决定了你未来一生的财富自由。选择理性投资，选择价值投资，你可能只需要从一本好书开始。

推荐序二

雪球网知名用户　耐力投资

价值投资的原理其实很简单，几句话就可以总结了。

每一只股票的背后，都是一家上市公司。股价，在短期内是投票器，反映的是各种市场消息以及市场参与者的心理预期和情绪，而在长期则是称重机，反映的是它背后这家上市公司的企业价值。因此，短期内的股价是由众多复杂的因素驱动的，而长期的股价走势则是由上市公司的价值驱动的。

优秀的上市公司总是在不断地创造价值。因此，其总体的企业价值总是在不断增长，长期的股价，也随着企业价值的增长而不断上升。价值投资者的核心任务就是找到那些能够为股东长期创造价值的优秀公司，长期持有这些公司的股票，分享企业的价值增长，并收获自己的财富增长。

然而，价值投资同时又是一件"知易行难"的事情，道理很容易明白，但执行起来却很困难。因为它既是一门科学，也是一门艺术，并不能像纯粹的科学那样通过精确的计算就能得到准确的结果，而是要依靠投资者的学识、经验、眼光和智慧做出判断和决策。在实际执行的过程中，有很多细节问题需要去解决。比如：什么样的企业是优秀企业？今天看上去优秀的企业，未来还会持续优秀吗？如何评价与估算一家企业的真实价值？当前的股票价格公允地反映出该企业的真实价值了吗？如果没有，那么是高估了还是低估了呢？什么时候应该买入或者卖出一家企业的股票呢？在股票市场剧烈波动，股票价格大幅上涨或者下跌时，应该买入、卖出还是继续持有该企业的股票呢，等等问题，都是价值投资者在具体的实践中需要面对和解决的实际问题。

在解决这些问题的过程中，不同的投资者会有不同的策略和方法。即使是那些全球顶尖的投资大师们，也有着截然不同的风格和方法。

因此，不同的价值投资者可以是"道相通术不同"，每个人都可以在同样的大原则之下采用适合自己的策略和方法。

在《价值投资常识》这本书中，作者根据自己多年来对价值投资的认识和理解以及自己的投资实践，用简单通俗的语言阐述了与价值投资相关的一些基本投资常识，也用一些具体的案例说明了自己的实践操作。

相信这本书，对于希望学习和了解价值投资理论与实践的投资新手，一定能够提供很多有益的帮助！

前 言

认知不同，结局不同，投资中的第一认知是："股市中真正赚钱的时刻，是在熊市。"由此我突然想到了一种描述，像捡钱一样赚钱，没错，当下低估值的市场，就是这种行情。虽然A股市场2015年至今走出了一波漫漫熊市，2018年又整整下跌了一年，很多投资者都绝望了，但这其中，却孕育了巨大的财富。

当然A股中几千只股票，并非都一样。有低估值的优秀股票，买入就等于是在捡钱，还有高估值的劣质股票，买入是会亏钱的。

人生在世，会有无数次的交易；买房、买车、买电脑、买手机，甚至每天买菜都要对比价格和质量。买股票同样是交易，为什么不去对比呢？其实每位投资者一生所购买的商品，例如房、车、手机、家用电器，都可以算作成功的投资，但唯独股票不是，原因何在？

买房是人生中的大事，在买入前，一定会精挑细选，要对比地段、楼层、设施、周边环境、学区、价位，看房子是不是真的便宜、真的划算。买车、电脑、手机前，要对比品牌、外观、配置、功能，人们甚至为买入一款手机所花费的时间都要比为买股票的耗时多得多。

小区中两处相差无几的房产 A 和房产 B，如果房产 A 卖 500 万元，房产 B 卖 400 万元，那么房产 B 马上就会被疯抢。买股票同样如此，并且要更加夸张，因为内在价值是不透明的，是通过对比行业、企业、估值来确认的，我称其为投资"三碗面"。

在市场中观察股票要复杂一些，市场每天都在报价，每天都有价格波动，这些短期的波动最易让人跌入陷阱。学会估值，就可以发现该买入哪一只股票。

在投资初期，我几乎犯过所有的错误，是什么导致了我最终赚钱，收益丰厚？

华尔街教父本杰明·格雷厄姆、成长股之父菲利普·费雪、美国股神沃伦·巴菲特、股票天使彼得·林奇、全球投资之父约翰·邓普顿、市盈率之父约翰·聂夫这些投资界的巨人们，又是如何进行投资，获取了难以想象的回报呢？

有足够的历史、数据、案例证明，价值投资是有效的，是可以赚钱的。投资很难，但价值投资可以很简单。

我倡导价值投资，实践价值投资，将个人投资体系总结为三碗面：基本面（包含通俗易懂的财报分析）、估值面、仓位面，分享给读者。助你学会价值投资，在保证本金安全的前提下赚取利润。

本书以幽默风趣、简单易懂的语言写就，对你有如下帮助：

1. 让优秀的上市公司与优秀的企业家们无时无刻不在为你创造财富。

前　言

2. 保障你的资产合理化，无惧股灾、经济危机。

3. 让你学会以正确的观点与态度认清股票市场，学会价值投资，实践价值投资，终身受益。

4. 教会你七种有效估值方法！

5. 留给你的后辈一份有保障的价值。

6. 教你开启通往财务自由的道路。

7. 让你越活越值钱。

掌握价值投资，其实并不难。学会估值，赚钱就像捡钱一样简单。

股市如人生，但不是人生的全部，人生是一场投资的修行路，你想成为什么样的人，就可能成为什么样的投资者。

本书将会为你开启新的视角，去发现另一番不同的世界。通过本书你将会发现，学会价值投资，可以轻松实现投资赚钱、快乐生活。

目 录

| 推荐序一 | Ⅲ

| 推荐序二 | Ⅴ

| 前　言 | Ⅶ

| 第一章 | 为什么选择投资股市 |

一、通货膨胀：你的财富时刻在缩水　002

二、难以置信：多年后依旧让人震惊的数据　005

三、世界奇迹：复利　006

四、价值投资：怎样的投资思维　008

五、认识自己：完善自己的能力圈　012

六、坚守阵地：中国式价值投资　015

七、有钱就买下：基本的价值投资策略　024

八、投资体系：构建自己的交易系统　026

| 第二章 | 定性分析：发现具有投资价值的企业 |

一、选择行业：关乎收益的第一步　034

二、投资八卦：了解你要买入的公司和它的朋友们　037

三、行业唯一：专注龙头　040

四、无处不在：品牌的影响力时刻渗透　041

五、护城河：企业的竞争优势　042

六、拳头产品：商业模式可以只有三种　049

七、企业经营：管理层与经营业绩　050

八、盈利本质：决定股票最终命运的是什么　055

| 第三章 | 定量分析：财报其实很简单 |

一、财务知识：小学就够了　060

二、真相大白：财报三大表到底看什么　061

三、抓住土豪：货币资金与负债　064

四、企业的拳头：应收付款项　068

五、真金白银：现金流　072

六、摇钱树：毛利率　075

七、缓冲带：净利率　078

八、股神钟爱：净资产收益率　080

| 第四章 | 有效估值法：价值不仅仅是数字 |

一、了解 PE、PB 与 ROE　084

二、市值比较估值法　086

三、巴菲特的未来现金流折算估值法　086

四、神奇的估值线　090

五、市净率估值法 093

六、市盈率估值法 099

七、烟蒂估值法 106

八、股息率估值法 108

九、邓普顿估值法 112

十、彼得·林奇与 PEG 估值法 115

十一、约翰·聂夫总报酬率估值法 116

十二、一张简单有效的估值表 118

|第五章| 管理仓位：价值投资重要策略|

一、至关重要：第一仓位原则 124

二、海枯石烂：趋势与热点是等来的 126

三、鱼与熊掌：左侧交易与右侧交易 128

四、耐心等待：不见兔子不撒鹰 130

五、气吞山河：投资要大气 131

六、负数成本：永远都在牌桌上 137

七、军令如山：严守仓位纪律 145

|第六章| 安全边际：知道自己的边界在哪里|

一、穿过迷雾：价值投资常见风险 152

二、慧眼识珠：避开财报陷阱 155

三、龙头优势：市场中的不确定性 157

四、安全边际：保障资金的安全　163

五、杠杆交易：危险而刺激的双刃剑　164

六、逆向投资：积累财富的有效途径　167

七、二八铁律：做股市中的10%　170

八、复利人生：投资者的4个亿　172

|第七章|价值投资实战策略|

一、雪中送炭：老板电器　176

二、经典白马：格力电器　211

三、最稳投资：农业银行　214

四、相濡以沫：伊利股份　225

五、大象狂奔：中国平安　241

六、不醉不归：贵州茅台　253

七、挑三拣四：合理的仓位组合　270

八、投资清单：失败的投资更加珍贵　273

|第八章|投资最大的敌人是自己|

一、游手好闲：投资失败　278

二、无动于衷：一生只打20个洞　279

三、跟随股神：常在河边走哪有不湿鞋　283

四、大跌眼镜：牛市买股票有多惨　285

五、投资忠告：活下去就是赢家　289

六、如果重生：投资可以重来 290

|第九章|未来价值投资的制高点|

一、经久不衰：金融业 294

二、基业长青：大消费 295

三、股神推荐：指数基金 297

四、难得熊市：人生几轮牛熊 302

五、最高奥义：一个字的不败心法 310

第一章 为什么选择投资股市

一、通货膨胀：你的财富时刻在缩水

如果将资金存放在银行，会很安全，还会有利息，但是人们都仿佛自觉地忽略掉了通货膨胀这一因素：存款利息率要远远低于通货膨胀率。今年 100 万元的购买力并不等于明年 100 万元的购买力，当资金闲置的话，就会像工厂的设备、家中的电器或者汽车一样折旧掉。

我的朋友偶尔会抱怨，去年买的新车，一年的时间已经折价三五万元了，这多少令他有些苦恼，因为时间越久、折价越多。虽然我对于汽车的行情并不了解，但折旧的的确确真实存在。

如果你认为过于危言耸听的话，我们来看一组有趣的数据：

根据《中国基金报》所提供的数据：纵观我国近几年的通货膨胀率：2014 年 7.5%、2015 年 12.8%、2016 年 8.5%、2017 年 7.5%。

如果将资金存放在银行，根据银行 2018 年最新银行存贷款基准利率：活期存款利率为 0.35%，整存整取定期存款利率为 3 个月 1.1%；6 个月 1.3%；1 年 1.5%；2 年 2.1%；3 年 2.75%。

我的父亲几十年来将资金通通存入银行，通过对比通货膨胀的数据，可以想象，他默默地忍受了几十年的"通货膨胀亏损"，我发自内心地为他感到痛惜。假设平均通货膨胀率为 4%，100 万元的资金在 20 年后大约只值 45.6 万元，短短 20 年，缩水超过 50%。

第一章 为什么选择投资股市

再看一组李录演讲时的数据,如果在 1802 年你有 1 美元,在今天,还值多少钱?答案是 5 美分。在 200 多年的时间里,1 美元丢掉了 95% 的购买力!这就是通货膨胀。

就算是黄金,在 200 多年前用 1 美元购买的黄金,在今天还有多少购买力?相当于 200 年前的 3.12 美元。的确保值,而且是升值状态,但是在这 200 年的时间里,仅仅升值了三四倍。

资金,是有时间成本的。贷款会有利息,利息就是成本,其实无论是个人的闲置资金,还是公司的巨额闲置资金,都是有时间成本的。

物品会折旧,财富会缩水,无论是短期的通货膨胀,还是长期的通货膨胀,你的财富无时无刻不在慢慢变少。但人们果真不知道通货膨胀吗?答案是否定的,无论是现实中,还是网络中,我经常看到听到人们在讨论:物价又上涨了,蔬菜、水果、猪肉、鸡蛋、汽油在涨价,钱又不值钱了。

也正是因为人们看到了这一点,想要避免通货膨胀,但是又不知道该以什么方式进行,不然我的父亲也不会几十年来把钱都存银行了。人们为此也考虑过很多:投资股市,有风险,大起大落,尤其牛市过后迎来熊市,坏消息接踵而至,很多投资者会告诫他人,不要买股票,太不靠谱,因为实证是赔钱的。

对此,我敢于打个包票,此类投资者一定是在牛市中后期买入的,然后越发贪婪,迎来了股灾。毕竟这是 90% 的投资者所犯过的错误,亦是成长的代价,当年我也险些成了其中的一员。

投资银行理财产品,专用名词花样繁多,读起来实在是搞不懂。至于民间理财更不靠谱，前有庞氏骗局臭名远扬，后有3M骗局不甘落后，接着P2P平台暴雷跑路紧随其后；三者都以高昂且不切实际的回报作为诱饵，致使投资者损失惨重。

作为一名保守投资者，"天上不会掉馅饼"是我的原则，为了不被通货膨胀割肉，我学习各种投资方式，最终找到了可以避免通货膨胀，同时可以使财富升值的最佳方法：买股票，价值投资！

投资股票，股价涨跌无常，完全是正常现象，短期波动不予理会，保证本金的安全是第一步。这可能是最有效抵御通货膨胀的方法了，充分利用闲置资金，财富升值，跑赢通货膨胀，避免本金折旧的损失。

很多投资者认为价值投资是伪命题，仅仅是一个借口，怎么会那么简单？其实掌握方法后的确一点都不难。投资者的资金不论多少，都要流动起来，绝对不可以放在手中而不去动用，存放在银行还有利息呢。

对此聪明的古人早有解释，在《吕氏春秋·尽数》中有一句话叫"流水不腐，户枢不蠹"。意思是指：流动的水不会发臭，经常转动的门轴不会被虫蛀。

健康的生命在于运动，资金同样如此。我们举一个简单的例子：银行放贷100万元给开发商，开发商拿着这100万元建了一栋房子，不论这栋房子卖了120万元、150万元还是80万元，开发商都需要还给银行100万元的贷款。最终的结果是，银行将100万元的资金贷出后再收回，在这个过程中，不算利息还是这

100万元的资金,但是已经建造了一栋房子出来。

这就是资金流动,钱会生钱,要充分地流动起来!

但前提是,贷款对象可以还款,否则贷出去的资金就损失掉了。

投资者与银行面临的情况是相同的,确保一笔好的投资,首要保证的是本金的安全,这也是为什么我买入股票都精挑细选优秀的上市公司,因为优秀的上市公司意味着赚钱的能力极强。同时可以确认的是,这家优秀的公司不会倒闭。能赚钱,才是给予投资者良好回报的前提。最重要的是,长期看,投资股票的回报是惊人的。

二、难以置信:多年后依旧让人震惊的数据

人们对于资金的第一想法自然是存银行,安全有利息。

《彼得·林奇的成功投资》这本书中有一组数据深深让我震撼:1927年,如果你在下面所列的四种金融工具上各投资了1000美元,计算复利并且免税,那么60年后,你得到的回报如下所示:

短期国库券获利7400美元;

政府债券获利13200美元;

公司债券获利17600美元;

普通股票获利272000美元。

不论经历的是股市大跌、经济萧条、战争、衰退、10位不

同的总统执政,还是时政的变化,一般而言,股票的收益是公司债券收益的 15 倍,比短期国库券收益的 30 倍还要多。

对于上述情况有一个合乎逻辑的解释,因为购买股票你可以从公司的增长中获得一部分回报,你将是公司利润增长的受益者。而购买债券,你所得到的回报只是公司盈余的一个零头而已。当你借钱给某人时,你可以得到最好的回报就是收回本金和利息。

"想一想这些年来一直持有麦当劳公司债券的那些人,在麦当劳债券到期时,他们之间的关系也就结束了,这是麦当劳让投资者们不快的地方。当然,最初的债券持有人收回了本金,就像是 CD(可转让大额定期存单)到期时可以兑现一样,但是最初的股东却会更富有。他们拥有整个公司。"——《彼得·林奇的成功投资》

这段话结合数据,充分论证了持有债券与股票的收益以及本质上的区别,注意以上内容所言,仅仅是投资普通股票的回报。

三、世界奇迹:复利

如果投资者的投资周期足够长远,就会获得超额的利润,而通过价值投资,会有怎样的丰厚回报?

再回到李录的演讲:如果我们在 1802 年投资美国股市 1 美元,那么今天的价值是多少呢?扣除了通货膨胀因素,今天的价值是 103 万美元,也就是说,在 200 多年的时间里,上涨了 100

万倍！要知道，美国股市的年化回报率只有 6.7%。

这就是时间的力量！复利，又被伟大的科学家爱因斯坦称作世界最强大的力量！

投资者或许不知道美国总统是谁，或许不认识微软、亚马逊、谷歌等科技公司的创始人，但一定知道巴菲特。

根据 2018 年《福布斯》全球富豪榜，巴菲特以 840 亿美元的个人财富位居世界第三。但很少有投资者知道的是，巴菲特是在 50 岁之后成为亿万富翁的，96% 的财富是在 60 岁之后积累的，原因就在于复利的力量。

说回中国股市，中国股指在过去 25 年涨了 15 倍，年化回报率为 12%，我们以保守的年化回报率 10% 开始计算，如果投资者有 10 万元本金，每年复利一次：

10 年后投资者将会得到 26 万元回报；

20 年后投资者将会得到 67 万元回报；

30 年后投资者将会得到 174 万元回报；

40 年后投资者将会得到 452 万元回报；

50 年后投资者将会得到 1174 万元回报；

60 年后投资者将会得到 3045 万元回报。

如果投资者有 20 万元本金：

10 年后投资者将会得到 52 万元回报；

20 年后投资者将会得到 134 万元回报；

30 年后投资者将会得到 348 万元回报；

40 年后投资者将会得到 905 万元回报；

50 年后投资者将会得到 2348 万元回报；

60 年后投资者将会得到 6090 万元回报。

数字很美丽，随着时间的流逝，时间将是最神奇的指标。无论投资者的本金是多少，都可以通过复利计算一下，这就是复利的力量。如果投资者想越老越值钱，那就要早投资。而以上仅仅是指数平均的保守回报率，当投资者以低估值买入好公司，长期持有，收益要远比以上计算结果多得多。

在巴菲特的长达几十年的投资生涯中，复合增长率在 20% 左右，这是一个绝对恐怖的数据。邓普顿具有 50 年 550 倍的惊人投资收益。历史上最伟大的投资者之一，股票天使彼得·林奇，在著作《学以致富》中写道："投资越年轻越好。"

发达国家的股市早期波动和中国股市相差无几，熊多牛少，中国股市的早期回报率甚至要高于美国股市。

中国在 1991 年设立股票指数，过去这二十几年里，股市的总体表现几乎和美国是一模一样的，而且中国股市的上涨速度要快一些。

四、价值投资：怎样的投资思维

投资分为很多派系，总体可以归于两类，投机和投资。

投机，也就是大众口中的炒股。为什么用一个炒字，就像炒菜，锅是热的，才能炒菜，但是不能一直炒，菜会糊的。投机炒股就是做短线，流派五花八门，投机使人着迷，如同赌博，很刺激,可十赌九输,这是规律。所以炒股就是一阵火热,不能持久,炒过之后,一地鸡毛。

股票的本质,是为了集资与降低风险,企业上市,募集资金便于开展更好的经营。投资者选择最低风险的优秀企业投资,才不会血本无归。每一只股票,都如同在大海中远航的船只,只有买入优秀的股票,才意味着拥有了坚固的船只,具备扬帆起航的条件。反之,低劣的股票,意味着船只不够坚固,甚至会阴沟里翻船,面临着巨大亏损或血本无归的高风险。

选择出优秀的股票并不轻松,需要阅读财报,确定基本面,进行估值对比。就如同测量一艘将要扬帆起航的大船究竟是不是好船。随着时间的沉淀与积累,投资者轻车熟路,会更加轻松地选择出坚固的大船,以合理的价格买下这艘大船。

通过技术面去分析,则南辕北辙。股票交易刚刚开始时,根本没有所谓的技术线,因为是纸质股票凭证交易,连K线图与显示器都没有——这都没有必要,因为重点在于判断船的质量(上市公司的质地)。

交易股票是为了降低风险与集资,造好大船,去赚钱,将利益分享给股东。所以通过技术面分析股票的走势更与赌博无异,涨跌全靠猜,蒙十次,只要运气不是太差,或许总能对一次吧。

巴菲特等投资大师投资会赚钱,而且是长期赚钱,正因他们不是赌神,也不是开赌场的。由此我们可以出现一个非常简单的公式:投机 = 赌博 = 亏损。

投资是有前提的,利用闲置资金进行长远规划,买入便宜安全的股票，依靠时间的力量实现复利，从而达到赢利的目的。

当然，投资也是在赚差价！

很多投资者会有疑惑，短线操作股票不是在做差价吗？怎么投资也是在做差价呢？投资也是要赚钱的，相比于短线操作冒高风险未必能获取的蝇头小利，投资是更大气的。

在低估值区域买入股票，在高估值区域卖出股票，赚取的是更大的差价；好比在低估值区域50元或者55元买入一只股票，在高估值区域120元卖出这只股票，那么无论是50元的买入价，还是55元的买入价，区别都不大。

不妨换位思考一下，任何一笔好的生意，第一要素并非是盈利、可以获取多少利润，而是要保证本金的安全。投资不是创业，风险控制是重中之重，无论多么好的生意，多么好的股票，进行投资的第一要素都应该是保证本金的安全。

无论是一笔大生意还是小生意，都是需要投入本金的。一本万利的生意，放眼全世界都没有这种好事。例如，我买上一注精挑细选的彩票，有近100%的概率不会赚钱，但如果是我精挑细选买入的一手股票，会有大概率赚到钱。

投资股票说到底，同样是在做生意，而非在赌博。像做生意一样买股票，长期看，投资者亏损是很难的。至少，投资者会足够了解所买入股票背后的上市公司是做什么的，做的生意究竟是否会赚钱。

买股票的资金，就等同于投资者做生意的资本，只有本金安全，才不会赔钱，才有资格谈论赚钱。无论有多少投资理论，无论说得多么天花乱坠、口若悬河，都应该是在本金安全的前提下进行的。

任何一位投资者，也做不到在买入一只股票后，该股票立刻上涨，账户没有浮亏。买入股票后就会上涨，这不现实。巴菲特说过，如果不能承受股票50%的浮亏，那就不要买股票了。

既然如此，那该如何保证本金的安全呢？又怎么可能保证本金的安全呢？

价格不等于价值，两者是不同的概念。投资者不需要在意股价的短期波动，也无法控制股价的短期波动，只需要买入合理估值的上市公司，尤其是低估值的上市公司。

对于上市公司该如何进行估值会在有效估值法中的章节进行系统性讨论，倒是可以做一个生动的比喻：一套房子当前的市场价大约为100万元，但是房主因为其他原因80万元就卖掉了，这就是低估值的资产，是投资机会，我相信一定会有很多的人在抢购。

虽然股票相对要略微复杂一些，但也仅仅是略微复杂那么一点点：短期内股票账户会存在浮亏波动，忽略这些波动，重点关注上市公司的内在价值；如果上市公司的经营出现了问题，就好比房子出现了破损漏洞。

以低估值或者合理估值买入的股票，浮亏并非真正意义上的亏损，那仅仅是账户的数字波动。因为低估值的股票，迟早会上涨。但如果低估值买入，在下跌后割肉，那就是真的亏损掉了本金。股市永远有内在的运行规律，那就是没有规律的向上波动。

同时，一定要长期持有低估值的上市公司或以合理的估值买入的优秀上市公司股票。长期持有很重要，我们不知道股市何时向上波动，不能长期持有，便意味着错过了股市的向上波动。

不值得长期持有的上市公司，不是一笔好的投资，买入后很快卖出的股票，同样不是一笔好的投资。诚如巴菲特所言，我希望持有股票的时间是：永远！

永远地持有一家上市公司，只有一种可能：这是一家非常优秀的上市公司。上市公司持续创造利润，会促使股价上涨；上市公司分红，是对于股东优秀的回报。

用一句话概括价值投资思维：像做生意一样使用闲置资金，长期持有低估值或合理估值的优秀上市公司股票。

五、认识自己：完善自己的能力圈

"认识你自己"是哲学家苏格拉底最推崇的一句话，这句话被刻在希腊圣城德尔斐神殿。

人无完人，每个人都有优点和缺点。毫不避讳地说，我的身上就有很多缺点，虽然在努力改掉，可完全保证自身没有缺点，我做不到。

正确地认识到自己的优势在哪里，劣势在哪里，这很重要。每个人都要规划自身的人生，遵从自身的优势。

巴菲特是全世界第一位通过买卖股票成为世界首富的投资大师，"能力圈原则"或许就是股神成功的第一大原则，在巴菲特的投资组合中,他熟悉所持有的每一只股票,不正是认识到自己的优势吗?

巴菲特生于1930年,4岁的时候,卖口香糖是他的第一单生意,他6岁的时候卖过可口可乐,13岁的时候送过《华盛顿邮报》。

2008年,玛氏食品联手巴菲特收购了他4岁卖过的口香糖生产厂家:箭牌口香糖。

1988年,巴菲特开始买入可口可乐的股票,1989年,巴菲特已经买入了可口可乐总股本的7%。

1973年,巴菲特大量买入了《华盛顿邮报》的股票,占《华盛顿邮报》总股本的12%,随着不断购买,截至2008年,他的持股占比上升到了18%。

这些巴菲特熟悉的股票,最终都慷慨地给予了他丰厚的回报,其中的原因在于,不熟不买,遵从自身的优势。

1971年2月8日,纳斯达克指数建立,又称纳指,最初的指数为100点。

1991年8月12日,该指数收盘时达510点;2000年3月9日,该指数收盘时达5046点,涨至10倍!在此期间,任何与IT沾边的股票都遭到投资者的疯抢。

疯狂使人迷失,在此期间,很少有投资者可以忍受住诱惑,纷纷买入科技股票。

然而巴菲特因为坚守着能力圈原则,不熟不买。1999年,作为美国三大时事性周刊之一的《时代周刊》在封面公开叫板:

"沃伦,究竟哪里出了问题?"

于是很多投资者嘲笑巴菲特老了,跟不上时代了,因为他们买入的科技股都在上涨,同年,伯克希尔·哈撒韦公司的股价表现平平。

1999年的太阳谷峰会,巴菲特决定受邀为峰会做闭幕演讲,这也是他30年来第一次对股票市场做公开演讲。

人们不能因为过去几年股市的疯涨而预测未来,2000年,巴菲特预言成真,互联网泡沫破裂,太多的投资者损失惨重。

因为高估值,所以不买,更因为巴菲特不会对自己不了解的技术进行投资,或者说,他不知道该为这些技术支付多少价格。

互联网科技股票疯涨,面对嘲笑、备受质疑,那可能是巴菲特一生中少数的难熬时光了,但正是因为他坚守自己的能力圈原则,不熟不买,躲过了互联网泡沫破裂的灾难。

巴菲特作为比尔·盖茨的好朋友,也仅仅买入了100股的微软股票表达友谊,这就是能力圈原则,无论怎样,不熟不做。

能力圈原则意味着固守投资者熟悉的圈子。实际上每个人都有自己熟悉的圈子,如果你是金融业的从业人员,那么对于金融行业,一定十分了解;如果你是机械制造业的从业人员,那么对于机械制造行业一定十分熟悉;就算你是家庭妇女,也知道哪种品牌的调料品味道更棒。

巴菲特的合伙人查理·芒格,生于1924年,如今已经95岁高龄,每天早晨会阅读三四份报纸,选两三本好书,来回换着看,终身都在学习。

他曾评价过巴菲特：我这辈子遇到的来自各行各业的聪明人，没有一个不在每天阅读的，而巴菲特读书之多，可能会让你感到吃惊，他是一本长了两条腿的书。如果你们拿着计时器去观察他，会发现他醒着的时候有一半的时间在看书。

面对股价波动的诱惑，更要学会坚守能力圈原则。

在固守能力圈的同时，开疆拓土，通过学习，能力圈可以变得更加广阔。每个人的时间与精力都是有限的，所以更要学习探索，而非花费宝贵的时间做无用功；跳出圈外学习，在圈内投资，始终坚持一个前提：不熟不做。

价值投资，寻找优秀的上市公司，以低估值或者合理估值的价格按照自身的仓位策略买入后长期持有，这才是我要坚守的能力圈。

六、坚守阵地：中国式价值投资

中国的股市真的适合做价值投资吗？这是一个老生常谈的话题。很多人说，中国市场制度不健全，不适合价值投资，不能够保护投资者，类似这样的话题充斥在网络中，严重影响投资者的判断。

这是一个看似充满争议的话题，其实也是个伪命题，不过是很多人没有正确投资，亏损后的抱怨罢了。

无一例外，所有国家的股市设立初期，都会是一个充满投机的市场，转变到投资，需要一个过程。但是价值投资的基因，是始终存在的。

价值投资奠定人本杰明·格雷厄姆与成长股之父菲利普·费雪，也正是成长在那个充满投机的年代，提出了投资的理论。

中国股市经历近30年的历史，金融市场更加开放，制度越发完善，不断向着投资的方向转变。

有很多投资者抱怨A股的T+1交易模式与A股的涨停板、跌停板限制。

就我个人观点，这些不该被抱怨，是避免投机的有效手段，完全是在保护中小投资者。T+1交易，当日买入股票，次日才可以卖出股票；而T+0制度则可以当日买入股票当日便卖出股票。但凡是抱怨T+1交易的并非投资者，而是投机者！

我没见过有哪位投资大师或者哪位真正的价值投资者在当日买入后又在当日卖出的，巴菲特没有著书立说是投资者的损失，但巴菲特的名言同样充满着智慧：如果你期待买入的股票第二天就会上涨，那是愚蠢的！但投机者们不管不顾，他们想着在当日买入涨幅强势的股票后，当日就卖掉，赚一些蝇头小利，仅此而已，格局太小，蝇头小利还未必赚得到。

再略微深入思考一下，如果T+0制度真有这么容易赚钱的话，那么欧美股市与港股以及很多股票市场都是T+0交易模式，有哪位投资者因为T+0而赚到钱了吗？答案显然是否定的。

尤其是作为普通投资者，在短线交易股票的操作上怎么会比操盘手更加专业呢？两者间更存在着信息不对称、技术不对称的专业差距！完全就不在一个等级上。

至于 A 股的涨停板与跌停板制度，更是在保护普通投资者；抱怨涨停板与跌停板限制的同样是投机者；因为他们还是想做短线交易，期待在一天内就会获取 10% 甚至更高的利润。就如同彩民在期待买彩票会中大奖一样，两者有相同的思维逻辑。

没有涨停板与跌停板限制的交易市场，某只股票因为某种原因，在单日内会有百分之几十的涨幅，不要光想好事，同样也会在单日内出现百分之几十的跌幅，这种跌势很少有投资者可以承受得住⋯⋯

无论是 T＋1 交易制度还是涨跌限制制度，都是在避免投机，保护普通投资者。每当监管严格时，对于股价波动异常的股票进行特停，还是会有投资者抱怨，这不是打压股价吗？这同样是投机者的抱怨！

投机者们喜欢的是被炒作的市场，喜欢的是题材股票，因为不需要业绩，市值小，乱涨一通，而非健康的市场、优秀上市公司的主场。

一个健康的市场，应该是有业绩的上市公司享受高估值的回报！这是市场的规则，资本的本质。凭什么业绩优秀的好公司不能享受高估值的回报，没有业绩支撑的上市公司却可以享受高估值的回报？长此以往，上市公司的业绩不要也罢，大家坐在一起讲故事好了，看谁的故事更加精彩，更加吸引人，更加跌宕起伏⋯⋯

被炒作的市场，最终受伤害的不还是投机者吗？就说一个近期的案例，2018 年 10 月，恒立实业以 2798 倍的动态市盈率、滚动市盈率亏损的"优秀"表现，14个交易日13个涨停板，搔首弄姿，成了游资们的目标。原本我还在考虑在缺少人气的熊市中，恒立实业背后的炒作资金还需要考虑如何抛售，不过伴随着巨大的涨幅，已经不需要考虑了。

我们做一个简单的计算，如果恒立实业背后的炒作资金是在3元建仓1亿股，动用3亿元资金，后来涨到每股9.56元，就算恒立实业在8元时开始悄悄地出货，只需要减仓4000万股（总持仓的40%），持仓成本就已经是负数了；想怎么抛就怎么抛，想怎么卖就怎么卖，反正已经赚到了，无非是赚多赚少的问题。

有人问谁会去接盘？

中国一亿多股民，总有喜欢奇葩的，庞大的投机群体就是炒作的巨大受众。当恒立实业开始下跌时，有无反弹取决于炒作资金的抛出方式，一切指标无效。苦的是接盘的投资者，原本想着赌一个涨停板10%的利润，却忽略了背后100%概率的损失。

这还仅仅是3倍左右的涨幅，下面的案例就更加令人震惊了：

如图1-1所示，2015年3月24日，暴风科技上市开盘价3.54元，接连35个涨停板，短短41个交易日涨幅约35倍，1000多倍市盈率。此后一路下跌至26.87元每股，2015年大反弹后，又从2016年3月份跌到2018年12月份。这只股票没有相应的业绩支撑，业绩亏损，外加负市盈率。曾经追高买入的投机者，亏损严重，解套完全是一种奢望。

这样的案例还有很多，如图1-2所示，全通教育在2015年

第一章 为什么选择投资股市

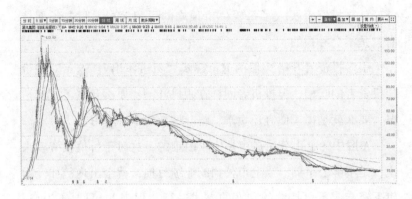

图 1-1　暴风科技

的大牛市，从每股 5.48 元涨至每股 99.93 元！1000 多倍市盈率。2015—2018 年期间仅有一波反弹，几乎完全呈现出一路下跌的走势，最终只有通过股价的下跌来消化过高的估值！追高的投机者们同样损失惨重，谈股色变！

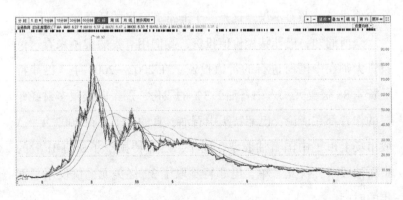

图 1-2　全通教育

如果放任这种情形发展，那还有什么投资可言？反观价值投资,就算投资者买入了每轮牛市顶峰的贵州茅台,只要长期持有,是不会亏损的。

很多投资者吐槽A股的退市模式"只进不出",这绝对是价值投资者的吐槽,但投机者同样在跟风吐槽;要么是真不了解情况,要么就是得了便宜还卖乖,将吐槽变成了一种习惯……

A股中的上市公司退市是比较困难的,这对于价值投资者来说,是不够公平的。当上市公司的业绩亏损,就会出现例如变卖旗下资产或不可持续的利润的方式进行"保壳",只要不退市,就会占用市场中的资金,这部分资金就不会流向优质的上市公司。但这倒保护了投机者,如果投机者买入的股票退市,那就真的血本无归了。

价值投资不分国界,价值投资的基因,在股市中始终存在。有人曾说,投资大师巴菲特也就是生在了美国,如果在中国,什么价值投资,照亏不误。这是一个非常有意思的话题。

众所周知,巴菲特做价值投资,我们用真实的案例来看这位投资大师在中国所进行的价值投资:在2002—2003年,巴菲特斥资4.88亿美元买入中石油1.3%的股份,那个时候很多财经专栏的作者都在谈论:巴菲特买中石油,真的老了。在2007年,A股市场上市了中国石油股票,同年,巴菲特抛空了所有H股的中石油股票,仅此一单,巴菲特赚取了35亿美元,仅仅用了五年的时间。

如果仅此一例不足以说明什么,再来一例。

2008年,中国股灾发生时,巴菲特以2.3亿美元收购了比亚迪10%的股份。这多少有些意犹未尽，因为按照巴菲特的投资风格，看好的企业购股比例会达百分之二三十。但是据传王传福并没有接受，所以巴菲特只买入了比亚迪10%的股份。

截至2017年，巴菲特已经从比亚迪的投资上获得了六倍左右的利润，当初2.3亿美元，现值13亿美元以上，这段投资至今还在进行中。这种赚钱的速度，远远超过巴菲特在美国投资赚钱的速度。

对于中国未来的经济前景，巴菲特也一直是坚定看好的。巴菲特说："我对中国还是非常乐观，中国经济不会有太多问题。"他表示，在相当长一段时间内，中国经济将保持非常好的表现。中国迄今已取得的成就简直就是奇迹，他几乎不能相信一个如此规模的国家能如此快速地发展，简直太快了，中国已经找到了释放自己潜能的道路。

我十分坚信，中国也会成就中国的投资者，这也是我敢于在熊市中越跌越买的投资底气！

股市增长背后的原因就是经济增长，A股中几千家上市公司汇聚了全国最优秀的企业，这些企业赚取利润，意味着经济增长，自然就值得价值投资。

中国40年的改革开放万众瞩目，是伟大的奇迹；40年前，没有人会想到中国会有如此强劲的发展，会有如此美好的生活；而未来40年后，会好得更加难以置信。这就是中国经济，我是中国的经济的乐观派。

著名的全球投资大师邓普顿虽然没有亲自投资中国股市，但是他却十分赞赏中国，对于中国未来的经济发展极为看好；他有着成功投资日本股市与韩国股市的经历，早已预料到并且积极看好中国经济，给侄女推荐的中国人寿、中国移动在三年的时间里分别获得了10倍、6.6倍的投资回报。

在任何国家的股票市场，投资者所买入的并不是那一串的股票代码，而是背后的上市公司。只有上市公司的业绩好，才可以推动股价上涨。也就是说，股价的上涨，是建立在上市公司业绩上的。

市场中99%的投资者乐于看股价的前复权（即以当前价为基准，在除权除息数据处理之前的价格数据）图形吻合连贯，股价走势具备连续性。股价的后复权，以历史价格为基准，包含该股票上市以来的全部分红分股数据进行计算显示。

万科A：1991年上市至2017年，股价累计涨幅62344%；

云南白药：1993年上市至2017年，股价累计涨幅79988%；

格力电器：1996年上市至2017年，股价累计涨幅32069%；

伊利股份：1996年上市至2017年，股价累计涨幅32580%；

东阿阿胶：1996年上市至2017年，股价累计涨幅7514%；

五粮液：1998年上市至2017年，股价累计涨幅4532%；

贵州茅台：2001年上市至2017年，股价累计涨幅14680%。

这些历史大牛股上市至今股价一路向"东北"，在于有足够的业绩支撑，这就是价值，不需要炒作。

万科A：1992年至2017年，26年平均净利润同比增长率为52.17%；

云南白药：1993年至2017年，25年平均净利润同比增长率为30.71%；

格力电器：1996年至2017年，22年平均净利润同比增长率为27.04%。

伊利股份由于在2008年因毒奶粉事件影响，导致净利润亏损严重，同年净利润同比增长率为-8092%，1996年至2017年，22年平均净利润同比增长率为-335%；由于失真严重，取总营收数据计算，1996年至2017年，22年平均营业总收入同比增长率为32.53%；

东阿阿胶：1996年至2017年，22年平均净利润同比增长率为26.15%；

五粮液：1998年至2017年，20年平均净利润同比增长为21.6%；

贵州茅台：2001年至2017年，17年平均净利润同比增长为33.87%。

显然，这些大牛股都具备同一种特性：长期看，业绩稳定增长。业绩、业绩、业绩，重要的事情说三遍。

优秀上市公司的发展，是建立在国家和平、经济强劲发展的基础上。如果国家的经济不好，上市公司的业绩很难会好下去，估值、股价不跌就是幸运的了；反之，国家欣欣向荣，上市公司盈利丰厚，股价一定会上涨，这是必然的。

每个国家设立股市的目的都是看多，而不是看空。所以我认为与自己的国家站在一起，持有优质的上市公司股票，是很难吃亏的。中国式价值投资看多中国国运,作为中国价值投资者,我始终坚定走这条路。更何况,这些业绩数据与股价的涨幅不就是最好的证明吗?

价值投资,不分国界!没有任何一个人可以依靠做空自己的祖国赚到钱。

七、 有钱就买下: 基本的价值投资策略

"如果我有足够的钱,会不会买下这家公司?"在初次接触到这句话时,它刷新了我的认知,甚至可以说颠覆了我的投资思维。

这关乎未来的投资是套利投资还是股权思维投资,虽然两者都是低买高卖,但差距甚大。

巴菲特与步步高集团董事长段永平都采用股权投资思维,买股票就是买公司,所以相比于他们的资金量,持股种类很少,但买入就是大手笔、重仓股。还有一点原因,那就是他们是个人投资者,投资不受限制。

但基金经理们不同,由于行业规则限制的原因,他们不得不分散投资。彼得·林奇将房利美的股票加仓至基金资产的5%,这是重仓股的最高限额了。

还有一个重要的原因,以巴菲特为例,他原本只喜欢买入"烟蒂股",但在投资生涯的中后期,由于受到了费雪与芒格的影响,进行"转型投资",买入优质的上市公司。由于巴菲特的

投资方式是看好的企业直接买下来,所以他会成为优秀上市公司的实际控制人,而优秀上市公司还会有源源不断的优质现金流,上交给伯克希尔·哈撒韦,巴菲特拿着这些资金可以进行再投资。所赚取的利润并非单纯来自购买企业的股价上涨波动,还有免费的投资资金可用,这个优势是基金与普通投资者做不到的。这就是巴菲特转变的原因,这些自由现金流都是免费的可投资资金,等同于本金可以不断增长。

作为个人投资者,应当适量分散操作,采用股权思维投资,这种思维可以帮助投资者在选股的过程中优中选优!

当投资者在做出决策之前,一定要认真考量究竟是否值得投资,会带来怎样的回报。最少投资者要知道这门生意是干什么的,生产什么产品或者提供什么服务;产品与服务是否品质高、受欢迎;行业占有率如何;利润如何;有什么竞争对手;如果投资了这门生意,要怎么去做?会遇到什么困难?既然花钱了,就要花得物有所值。

买股票为什么不能像去做生意一样进行思考呢?做生意是投资,买股票同样是投资。在买入股票之前,一定要这样问自己:如果有足够的钱,会不会买下这家上市公司?像做生意一样买股票,是最本质的、也是最正确的投资策略。买股票就是做生意,两者之间毫无分别。

当投资者将投资股票当作自己的生意来做,会自然而然地研究这家上市公司究竟好不好,能不能赚钱,当前的价格是否便宜,是否值得为之投入自己的资金,最少也要像买房子、车子一样,认真考察对比功能配置与性价比。如果投资者真正将投资股票当作自己的生意来做,是很难变成投机的,是很难不赚钱的。

八、 投资体系: 构建自己的交易系统

按照彼得·林奇的投资经验,他所学习的历史与哲学比统计学对于投资的帮助更大。投资可以很简单,也可以很复杂,是科学与艺术相结合,但不可以强调其中的任何一方。

理想的投资是需要仔细阅读财报的,财报中的数据十分严谨,可一篇财报中的内容多得像一本小说。A股中几千家上市公司,每年公布四次财报,其中并不包含公告等相关信息,如果通通读完,那不现实。唯一的方法是科学地阅读财报、有逻辑地阅读财报,关注最重要的数据,明确重要数据背后的含义,这其实很简单。

可在具体的投资过程中又无法如此科学,低估值与高估值仅仅是区域,低估值还是会跌,高估值还是会涨;无论多么严谨的科学计算,都无法计算出最低点与最高点。

所以在投资中,选股是科学,操作是艺术。没有一劳永逸的投资公式,投资可以很复杂,但其实越简单越好。而每个人的性格不同、阅历不同,投资方法也不相同。

鼎鼎有名的资本大鳄索罗斯,究其一生是投资还是投机,备受争议、众说纷纭。其投资的方式方法,是很多职业投资者都学不来的,就连彼得·林奇也在书中这样评论道:"索罗斯和吉

姆·罗杰斯通过制造令人难解的头寸（对此我也无法做出解释），如卖出黄金，买进看跌期权，对澳大利亚债券进行套期保值，赚了一大笔钱。而沃伦·巴菲特则是所有人中最为出色的投资者，他所寻找的机会类型跟我的几乎一样，唯一不同之处在于他找到了这样的机会，就会把这家公司买下来！"

价值投资的方法并非只有一种，彼得·林奇等基金经理是在价值投资的基础上进行套利，而巴菲特与段永平的股权思维是极少数的，但都是以估值为基础，在低买高卖这一框架下。

具体的执行则有选股与操作的不同，投资者只需要采用适合自身的投资方法，不必完全跟随谁。每位投资者，都不必也没有那种能力完全复制他人的投资方式。在这种情况下，如果不能融会贯通，学的多反而并不是好事，会相互冲突。一定要根据自身的实际情况与优势，借鉴正确的投资之路，建立适合自身的投资之道。

本杰明·格雷厄姆奠定了价值投资的基础理论，只买低估值的上市公司；我吸取了这一投资理念，买入低估值的股票，诚如格雷厄姆所言：理性投资，精神态度远大于技巧。这句话对我的投资影响最为深远。但是烟蒂估值法并不适合我，也不适合A股市场。毕竟烟蒂估值法诞生在美国大萧条时代，是特有时代的产物，那时的美股便宜得惊人。中国经济积极向好，就连巴菲特也改变了这种投资方法。

菲利普·费雪奠定了成长股的投资基础理论，买入具备成长潜力的上市公司并长期持有；我吸取了买入优秀公司的投资理念,但是尽量争取不买高速成长的上市公司。往往市场已经给出了此类公司慷慨的估值(高估值),买入时的价格便已经支付了未来的高成长预期。所以我更乐于买入业绩暂时陷入困境的低估值股票,经历了业绩调整后实现戴维斯双杀。

巴菲特会以合理的估值买入优秀的上市公司长期持有。深入调研,深入了解,有足够的耐心,在能力圈内进行投资,巴菲特的简单生活更是值得学习的。

约翰·邓普顿在全球批量买入低估值的股票,注意"批量"这个用词,如同商家批发进货似的,拿货越多越便宜……虽然我不在全球买股票,但我的确是分散投资买入低估值的股票。邓普顿的估值计算方式后来也成了我的重要估值方式之一,这的确是一种简单有效且对于估值苛刻的估值方法。

彼得·林奇无股不买,会进行波段操作,擅长各类股票交易方式,投资灵活,点石成金,将投资变成了一门艺术!但我可不会买那么多的股票,也没有那么大的资金量,虽然我想买入的股票不算少,一双手都数不过来,但高估值的不会买,等待机会,依据估值买入,依据估值卖出。

约翰·聂夫买入安全的低市盈率股票(不买热门股),同样会进行波段操作;没有竞争的冷门股是非常好的投资标的。

总而言之,投资大师们的投资之道有相同之处,有不同之处,但是他们都找到了适合自身的投资之道,并且持之以恒地坚持下去。时间,是衡量投资体系的标尺。前提是不会买入高估值股票,买好的不买贵的。

投资者依据自身的性格与能力，建立一套适合自身的投资体系，形成适合自身的投资风格，这是价值投资的必经之路。

选股是投资的第一步，可往往很多投资者明明选择出了好的股票，但是不知道具体的高估值点位，这样就很被动。投资者没有必要一定学习谁的投资体系，学习是好的，更要学习适合自身的，加以利用，变成自己的。

通过以上内容的铺垫，我们了解到，投资股票可能是对抗通货膨胀最有效的方式了：股票的收益远远大于债券，感受到了复利的力量，中国是适合做价值投资的、值得价值投资的，以及国际投资大师们是如何投资股票的。

接下来要进入本书的核心内容：投资三碗面！

虽然手机、家用电器商品买入后卖出是会折价的，但人们并不在意，还是因为没有即时的报价波动；而优秀的上市公司从长期看，内在价值是上涨的，是升值状态的。

我将个人投资体系，分为投资三碗面：基本面（包含财务分析）；估值面；仓位面。三碗面对应三心！

很多投资者十分头疼基本面研究，但通过"粗浅"的基本面分析是确认好行业与好企业的关键。

众所周知，医药是好行业，恒瑞医药是医药股中的龙头公司。可恒瑞医药究竟是卖什么药的？中医还是西医？都涉及哪些医药细分领域？产品利润如何？借款多不多？这些信息不通过财报是很难真正了解清楚的。

通过上市公司财报中的一些重要数据，进行核算、对比，会得出相当重要的数据结论。这些重要的数据是投资股票盈利的基础，是投资者赚取财富的关键！

上市公司的经营是否稳健，所提供的服务或者产品是否足够优秀，商业地位究竟是否强势。有数据作为依据要远远强于模糊的大概了解，以及苍白的文字描述。数据自己会说话。

基本面（财务面）之后是估值面，买商品光是货好还不行，价格还要合适。巴菲特都那么富有了，也不买贵的，投资者们又应当怎么做呢？

市场指数与上市公司的股价，究竟哪里是最低点，哪里是最高点，是无法判断的。所谓高点与低点，不过是一个区域范围，我们要模糊的正确，而不要精确的错误。

在市场中，永远没有任何投资者可以做到抄底逃顶，那不是人可以做得到事情，巴菲特都封神了也做不到。同时，我更乐于轻大盘重个股，尤其是在熊市中，低估值的股票大把抓。

大盘指数，是所有该指数内的股票汇总，是场内的所有资金与情绪的碰撞。如果将大盘指数比作一所学校，指数中的个股就如同学校的学生。学校中的学生并非全部都是优秀的三好学生。当大盘指数低时，依旧有高估值的上市公司，当大盘指数高时，依旧有低估值的上市公司；当大盘指数下跌时，依旧有公司股价上涨，当大盘指数上涨时，依旧有公司股价下跌。

2015年6月A股股灾至2018年12月，创业板指数最高点与最低点之间的跌幅为64.7%；同期，汤臣倍健高点与低点之间的跌幅为22.81%。

2017年4月至2018年12月，汤臣倍健涨幅62.74%；同期，创业板指数跌幅34.44%。

2015年6月股灾至2018年12月，上证指数跌幅45.92%；同期，中国平安涨幅44.33%；格力电器涨幅36.65%；农业银行涨幅22.45%；伊利股份涨幅24.35%。

优秀的上市公司，长期来看是可以忽略大盘、无惧牛熊，走出独立行情的。

投资者通过基本面（财务面），挖掘出优秀的上市公司，根据估值面判断股票的估值，从仓位面出发制定操作的策略，做到在低估值时买入、在高估值时卖出。

当做好以上三碗面时，下跌诛心、震荡闹心、上涨烧心，各种不顺心通通不必在意，投资者可以明确了解上市公司的一切，做到心中有数，能以从容不迫的心态，淡定地面对股市波动。

第二章

定性分析：发现具有投资价值的企业

投资第一步是选择股票，通过基本面开始分析。

彼得·林奇可以说是最优秀的选股者了，他见一个爱一个（仅限于股票），几乎无股不买。其实我也见一个爱一个，尤其是在熊市中；但最终的买入操作，要优中选优。

选股最重要的是足够挑剔！A股市场几千家上市公司，对于哪家不满意，直接剔除，甚至可以不需要原因、不需要理由，就是要这么任性，就像买房子、买车、甚至买菜一样。作为消费者，一定要挑剔，足够的挑剔，看着不顺眼就可以不买。

买入股票，就是买入上市公司的一部分，在买入股票之前，投资者要考虑的是，如果有足够的资金，会不会将这家上市公司买下来！

所以买入股票的逻辑就在于，精研上市公司，也就是上市公司的基本面研究！

我将在下面四章内容详细介绍三碗面，将以宋城演艺进行举例，这是一只我在个人股票池中近期操作的股票，该股质地优良。当投资者参考优秀的投资标的时，要了解好股票该有什么样的数据，养成一种极为挑剔苛刻的选股习惯。同时我也加入一些医药公司的数据进行对比。

一、选择行业：关乎收益的第一步

选股第一步要选择行业，关注了解那些趋势行业，保证行业天花板足够广阔（是指该行业还有很大空间才能达到饱和的状态)。

当一个行业的天花板广阔时,就算不是龙头公司,而是小型公司,投资者也能从中分一杯羹;没有肉,还是有汤的。当一个行业饱和时,龙头公司也会很难过,勒紧裤腰带过日子;小型公司可想而知,连汤都没有,将会面临着被淘汰的风险。

这其中涉及一个很简单的逻辑关系,就是供给与需求的关系。当供给大于需求时,价格自然会跌落。当需求大于供给,价格自然会上涨。因为需要买的人多了,商品却没那么多;好比原本是五个人都要穿裤子,可只有三条裤子,不够穿啊,价高者得,裤子就贵了。

所以我们当然要选择需求大于供给的行业,人多裤子少,怎么办?提价吧……而对于产能过剩的行业,则意味着供大于需,投资者是一定要抛弃的。所以我从来不去触碰产能过剩的行业,哪怕是龙头也不行。

很显然,多晶硅、风电制造、平板玻璃等被列入产能过剩行业,是不能碰的。被确定为调控和引导的重点,电解铝、造船、大豆压榨等产能过剩问题较为突出的行业,也是不能碰的。

需要重点强调一下商品类行业,长期的优秀投资回报,在于上市公司的竞争力。优秀的上市公司,产品与服务足够好,那么竞争力一定很强,竞争力意味着利润。

对于产能过剩的行业,是非常典型没有竞争力的行业,产品完全同质化。大家都是相同的无差别产品,又如何体现出竞争力呢?按照市盈率估值法,当以上商品价格上涨时,自然而推动业绩上涨，降低上市公司的估值。

既然以上商品价格的上涨原因，是需求大于供给，是市场的自我调节行为所决定的，而不是上市公司自身的经营所决定的，更不是因为上市公司的竞争力。当上市公司缺乏竞争力、随波逐流时，很难想象会有什么样的发展前景，可以带来怎样的可观投资回报。

投资者对于林业、畜业、渔业、高科技研发等行业更需要有足够的警惕，这种行业的财务更容易进行造假，当上市公司想美化财报时，这方面的冲动非常强烈。

因为林业、畜业、渔业是很难核查真实数量的，例如某上市公司的扇贝就有可能非常"人性化"地集体"跑路"，然后非常"人性化"地再集体跑回来，智慧已经上升到了一定的地步，我也分不清是回老家了还是去度假旅游了。而牵扯到生长在地下的人参之类药材的上市公司，真实数量同样很难核查清楚，总不能刨出来查数，再埋回去吧。

对于需要大量资金研发的行业，投资者很难确认投入研发资金之后，是否会研发成功，会有多大的成功概率。毕竟术业有专攻，专业科技人员对于研发是否成功的预测都很难；投资者就更不会知道市场回报率是多少，不熟不做是原则。

我主要倾向于金融行业与大消费行业，在我看来这是没有天花板的行业，人人都会需要，每天都在接触，生活离不开，盈利模式简单明了。

投资源于人们对于生活的需求，无论金融风暴还是战争，无论贫穷与富贵，人们都需要金融、需要消费、需要健康、需要吃饭穿衣。虽然科技改变生活，科技行业是可以改变世界的趋势行业，但我不会去碰，因为真的看不懂，很难去了解其中的逻辑。科技行业的变化太快了，不进则退，退则意味着淘汰。

世界上只有一个阿里巴巴、一个腾讯、一个苹果公司，它们在上市前的投资人，就那么几个。孙正义投资了阿里巴巴，是他一生最成功的一笔投资，但也仅此一笔。他再也没法投资下一个阿里巴巴了，也找不到下一个阿里巴巴了。

宋城演艺属于大消费行业分支的旅游行业，显而易见，这是一个盈利简单、具备高需求、人人都需要的好行业。

二、投资八卦：了解你要买入的公司和它的朋友们

买股票就是做生意，或者理解为买股票就是买入一门生意，那么什么生意赚钱呢？我们以宋城演艺举例说明。

宋城演艺主要从事文化演艺和旅游休闲事业。演艺方面主要有千古情系列和主题公园集群，包括《宋城千古情》《三亚千古情》《丽江千古情》《九寨千古情》等系列。根据2017年年度报告，旅游景区主要包括杭州宋城景区、杭州湘湖片区、三亚千古情景区、丽江千古情景区、九寨千古情景区、西塘·中国演艺小镇，以及筹备与动工阶段景区：桂林阳朔项目自2017年6月开工，预计2018年三季度开业；张家界项目已于2017年12月取

得项目用地，预期项目将于 2019 年年中亮相；西安项目已于 2018 年 3 月与西安世园投资（集团）有限公司签署项目合作协议，在西安浐灞生态区世博园内打造"中华千古情"项目，预计将于 2019 年 6 月前推出；澳洲项目的规划总体设计方案已完成；上海项目目前已完成上海市规划批复、项目发改立项、建设方案意见批复以及总体设计方案批复等相关审批手续。以上项目预计将在未来三年内陆续开业。其收入主要来源是演出及门票，是中国最大的民营旅游企业之一，该行业的领导者。

我很喜欢旅游，更喜欢自驾游。去过宋城演艺的游客们十分了解，宋城演艺票价不菲，游客量大，具有极高的文化情怀。

旅游业已经突破了传统旅游业的范畴，逐步演变为一个多方位、多层次、多维度的综合性大产业，文化旅游逐渐成为人们生活追求的新时尚。其实绝大部分人都喜欢旅游，喜欢外出度假。要承认，从自己待腻的地方去别人待腻的地方，是一件很愉悦的事情。

根据中国产业信息网给出的数据："十三五"期间，经济步入新常态阶段，经济结构调整需加速发展服务业，动力转换需增强内需消费的拉动力，改善民生需进一步释放国民的休闲需求，这些都为文化旅游业发展提供重要机遇。

我国旅游业 2015 年全年接待国内外旅游人数为 41.2 亿人次，旅游总收入达到 4.13 万亿元，对 GDP 综合贡献达到 10.1%，成为经济增长新引擎，实现了"十二五"时期旅游业发展的漂亮收官，并开启了旅游发展的新时代。

从自由行主题角度来看，50.7%用户偏好文化体验游，而且该主题的旅游渐向20~40岁青年、中年群体拓展。可见，文化旅游渐渐受到旅客的追捧，市场空间不断扩大。

我国幅员辽阔，历史悠久，在长期的历史发展中形成了多种多样的文化，随着文化资源被旅游项目产业化，类型各异的文化旅游也就应运而生。

文化创意产业被称为21世纪全球最有前途的产业之一，全世界创意经济每天创造产值达220亿美元，并以5%的年增长速度递增。如今，文化创意产业已经成为许多国家和地区经济发展的支柱产业。

文化创意产业在旅游领域的拓展和延伸，成为旅游发展的新引擎，反过来，旅游的发展也为文化创意产业的繁荣创造了新机遇、新动力。

文化深度游的一个重要表现是遗产旅游热的兴起和发展。"遗产旅游"已经成为世界旅游业最热门的项目之一。英国遗产旅游业发展迅猛，年收入高达260亿英镑，几乎成为该国旅游业的支柱。

文化性作为旅游产业的核心特质之一，体现在旅游产品的各个方面。随着中国城乡居民人均可支配收入的不断增加，出游能力渐趋增强，文化体验游成为游客热衷选择的旅游产品类型。（以上内容摘自中国产业信息网）

2018年国庆黄金周，宋城演艺旗下各大景区共计接待游客超 180 万人次，同比增长 20%；"千古情"演出 201 场，收入超 1.4 亿元，同比增长 25%。

纵观国内旅游公司，方特旅游与宋城演艺搭边，这是一家对标迪士尼的旅游公司；与宋城演艺不同的是，方特旅游主要经营以机械游乐为主题的传统主题乐园，在十多个城市建立乐园运营。2017 年度的营收情况，方特旅游 38.63 亿元，宋城演艺 30.24 亿元。可惜的是方特旅游还没有上市，缺少具体数据。

三、行业唯一：专注龙头

贵州茅台只卖酒，这是它唯一的业务，也是唯一的盈利方式，简单易懂好理解，将酒文化、品牌打造到极致，享受行业龙头的高定价权。

因为专注成功的行业龙头，本身就自带行业壁垒属性。每一家龙头企业，都是在与该行业中的众多企业激烈竞争后脱颖而出的。成为行业龙头，拥有极高的市场占有率，享有定价权，这本身就足够说明龙头企业的优秀。

优秀的上市公司、行业龙头，相比于行业内普通上市公司，最本质的区别在于竞争优势所带来的利润，而利润等同于股价！龙头吃肉，大众喝汤。

宋城演艺在国内从事主题公园和旅游文化演艺事业，是中国最大的演艺集团，该领域的领导者；"宋城千古情"是目前世界上年演出场次最多和观众接待量最大的剧场演出，被海外媒体誉为与拉斯维加斯"O"秀、法国"红磨坊"比肩的"世界三大名秀"之一，在国内很难找到竞争对手。

四、无处不在：品牌的影响力时刻渗透

品牌意味着广泛的品牌知名度，深入人心，占据消费者的心智。

消费者们买空调，首先想到的会是格力与美的；买洗衣机，首先想到的是海尔。

记得我在上学的时候，小小年纪不学好，被名牌服装占据了心智。同学们都是如此，追求品牌的服装，回到家中会要求父母购买某某品牌的服装，如果不是名牌的服装就不会穿，虽然同学们迎来的是各自父母手中沉甸甸的"重器"，但回到学校他们是不会告诉你的。至今回想，少年时期便已经被品牌的影响力蛊惑。炫耀也好，信任也罢，大品牌所提供的好产品或服务随着时间而沉淀，难以替代。

对于喝酒，人们往往首先想到的是茅台、五粮液、洋河大曲；喝奶，首先想到的会是伊利与蒙牛；这些经常挂在嘴边的品牌，也因为人们的口耳相传而进行传播，从而形成一种人人都是大品牌传播者的效应。

企业所拥有的行业壁垒，可以是专利技术，可以是市场的占有率，更可以是大品牌的知名度，在无形间最大限度阻止进入者。

在消费者的面前有两包乳制品,伊利品牌与不相识的品牌,消费者会极大概率选择伊利品牌的产品。伊利股份的乳制品家喻户晓,所以顾客会优先购买,喝着放心。若是其他公司生产的乳制品,消费者未必会选择,或许是同样的产品,同样的味道,但顾客还是会选择大品牌,因为有随着时间沉淀而深入人心的品牌知名度。大品牌的知名度是企业实力所支撑的,意味着质量安全,小品牌总会给人一种淡淡的安全质量忧虑。

宋城演艺作为中国演艺第一股、全球主题公园集团十强企业,连续八届获得"全国文化企业三十强",以主题公园、旅游演艺为核心竞争力,成功打造了"宋城""千古情"的文化品牌。

文化产品最核心的竞争力是内容,产品为王、文化为王、内容为王;不要认为这仅仅是口号。宋城演艺的节目具备内容优势,有着非常清晰的定位:立足中国传统文化,弘扬真善美,传播正能量,拒绝假丑恶,绝不崇洋媚外。宋城演艺的品牌已然成为文化、旅游行业的一张文化名片。

五、 护城河: 企业的竞争优势

很多投资者受到巴菲特的影响,对护城河这一理论无比推崇,需要注意的是,不同的企业护城河是不同的。

始终被巴菲特非常重视的,至关重要的上市公司"护城河理论",却被特斯拉的 CEO 埃隆·马斯克认为已经过时。所谓的

"护城河理论"是已经过时的。如果以此抵挡敌人，那么不会坚持多久，真正重要的是创新力，这才是保持竞争力的根本因素。

埃隆·马斯克是SpaceX、特斯拉汽车及PayPal三家公司的创始人。2013年3月12日，SpaceX就成功发射并回收可重复利用的火箭，搭载飞船与国际空间站成功对接。这是人类历史上第一次由私人公司发射火箭的壮举。2015年12月21日，"猎鹰9号"火箭首次实现发射、回收全过程，同时也是人类历史上第一个可实现一级火箭回收的轨道飞行器。此前，他打造出了世界上最大的网络支付平台，造出了或许是全世界最好的电动汽车。

这就是埃隆·马斯克的人生经历，与巴菲特相同，"开了挂"的人生。

2014年，埃隆·马斯克宣布将特斯拉的技术专利全部开放，主动放弃了垄断，令所有人吃惊不已。

其中有一个关键的原因，就是创新。专利开放，让创新人才看到这是一家创新能力强大的公司，增加了足够的吸引力。最关键的并非技术，而是创新技术的人才。源源不断的创新，将技术优势快速积累起来。所以对于埃隆·马斯克的科技型公司来说，通过快速的持续创新不断超越同行，就是护城河。

再看一下巴菲特所买入的上市公司，可口可乐、喜诗糖果，往往是"嘴巴股"，是不需要创新的，只需要享受现成的、已经搭建完成的"护城河"。虽然埃隆·马斯克与沃伦·巴菲特对于

"护城河"有不同意见，但其实都是"护城河"，区别在于，公司不同，"护城河"不同。

"护城河"概念是巴菲特提出的，一个赚钱的好生意，一定会引来诸多的竞争者来抢夺份额。如果将优秀企业比作一座城堡，那么城堡一定要具备护城河，也就是在城堡的周边，挖出一条又宽又深的河，来进行自我防御，最好在河中养上凶猛的鳄鱼，谁敢来攻占城堡！

上市公司的竞争优势不等于"护城河"，两者之间存在区别，却又可以很好地互补。

竞争优势是什么？企业所提供的产品或者服务优质，成本低，具备规模，这些都是竞争优势。"护城河"的形成来源于企业的竞争优势，当企业有足够的竞争优势，会有极大的概率打造出"护城河"进行有效的防御；反过来，"护城河"又将提高竞争优势，两者间形成了良性循环。

贵州茅台的产品足够好，为了保证质量，保留酒师制度，推行陈储制度；不卖新酒，不挖老窖，每年都要保留30%的酒，最低陈酿五年的酒才可以出售。质量好、味道好等于产品好，好产品具备非常高的黏性。高端消费者养成认可喝茅台酒的消费习惯，酿酒规模以及高端消费规模自然形成规模效应，这些都是竞争优势。

随着这种竞争优势的不断增加，贵州茅台走高端路线、精品化路线，打造出了强大的高端品牌，"茅台是国酒"这种深入人心的理念，顺势而为地打造出了国酒茅台的"护城河"。多年的茅台品牌，有着足够的品牌持续性，时间越久，品牌的价值越高。

茅台的"护城河"就是它的品牌！因为好产品的竞争优势，打造出的品牌"护城河"坚不可摧，反过来提高竞争优势。虽然我喝白酒都是一个味道，但大众消费者心中茅台的地位早已上升到了一定的高度。

1. 喝茅台不上头。虽然只要是酒，不论白酒、啤酒、红酒，喝多了都难受。

2. 茅台是稀缺资源。其实天猫旗舰店、京东自营店、线下专卖店都可以买得到。但如今的茅台，更是一种奢侈品，是一种社交、一种文化、一种象征。

3. 价格高，却不愁销路。这无比罕见，源自品牌的力量。

对于市场中90%的投资者来说，了解竞争优势较为容易，但对于"护城河"的概念较为模糊，那么怎样的"护城河"才算是优秀的"护城河"呢？

有以下几点，缺一不可。

1. 品牌与专利。

品牌与专利是企业的无形资产。品牌意味着信任，以茅台为例，哪怕其他白酒企业做出了与茅台酒相同味道的白酒，还是很难攻破茅台的"护城河"，因为不是茅台的品牌。而专利可以让你做出同行业其他企业做不出的产品，这同样是"护城河"的一种体现，但是品牌要远强于专利。

什么是品牌？品牌是深入人心的，牢牢抓住了消费者的心智，代表着认同与信任，就算价格高，也不愁销路；而专利是有时间期限的，并且是可以受到挑战的。

2. 黏性。

好的产品或者服务是自带黏性的，茅台酒就是好产品，很多喝酒的人都爱喝茅台，这就是产品的黏性。但白酒、食品饮料等快消品只有弱黏性，因为人们可以不喝白酒，选择喝红酒；可以不喝伊利的产品，可以不喝饮料，选择只喝白开水。

而强黏性则意味着必需的选择，难有其他选项。例如人人都在使用微信，这就是腾讯的强黏性，因为当今社会大家都在使用微信，如果不使用，在某种意义上讲意味着与社会有脱节。人是群居动物，与社会脱节是违背人性的。

黏性的作用使消费者难以割舍，也就意味着无论是同行与外行，想要获取这些消费者的认同，需要为此支付更大的代价，付出更多的成本，这样往往是得不偿失的。黏性的作用能令同行与外行望而止步，如同护城河中的鳄鱼在守护着城堡。

3. 规模。

规模与成本相互对应；例如快递公司发出一车货物，一次的运输成本无论装载了多少货物都是10000元。如果这一车的货物有10000件，假设每件货物赚取3元的利润，那么这一车货物共计赚取30000元减去10000元后20000元的利润。但如果规模不够，一车的货物是1000件，那么3000元减去10000元后亏损7000元。这就是规模效应，规模越大，利润越高。这同样导致竞争者无法对抗，谁要是想进入这一行业，就要琢磨一下是否具备规模，不具备规模是会亏损的，就算维持低利润，可面对行业领导者大打价格战，能坚持得住吗？

假设腾讯公司维护微信这款软件的所有费用相加等于 1000 万元，如果只有 1000 人使用微信，维护费用还是 1000 万元，那么平均每位用户的成本等于 10000 元；如果有 10000 人使用微信，那么平均每位用户的成本等于 1000 元；如果有 1 亿人使用微信，那么平均每位用户的成本等于 0.1 元。虽然我不知道腾讯维护微信这款软件的真正费用是多少，但总有一个定律，规模越大，消费人群越多，成本越低。

腾讯的社交软件很多互联网公司都可以开发，甚至可以做得更好，但始终没有一家企业可以颠覆腾讯的社交龙头地位。因为做出来也无用，腾讯的用户太多了，占据了最大的市场份额，大家都在用腾讯的社交软件，自然就不会去用其他公司的产品。就算我用了某种社交软件，可我的朋友没有在用，那我用了也白用，这同样是规模效应的体现。

品牌与专利、黏性、规模三者协同，那才是"护城河"，三者缺一不可，否则就是假冒的"护城河"。

所以严格意义上来讲，真正具备"护城河"的上市公司，少之又少。

目前宋城演艺的竞争优势如下。

1. 品牌优势。

宋城演艺通过多年的发展，已经树立了良好的企业形象与旅游演艺特点，景区与演艺的品质与服务以及文化传播令消费者满意，具备一定的品牌影响力。

2. 规模可复制性。

宋城演艺在上市后便与三亚、丽江、九寨沟、泰山、武夷山和石林等国内一线旅游目的地政府签订了土地购买和项目合作协议，计划在这些景区黄金地块建设以演艺为核心的主题公园。黄金景区意味着流量，对于旅游业来说是最稀缺的资源。宋城演艺独创"主题公园+文化演艺"的商业模式在三亚、丽江、九寨沟等一线旅游目的地项目的复制取得巨大成功，说明这一模式是可以被复制的。2018年5月，宋城演艺正在实施全国化战略，上海、西安、桂林、张家界等一批重点项目正在建设中，2017年年底正式签下澳大利亚项目。这种可复制推广的模式是竞争者难以模仿的。

3. 创意优势。

宋城演艺经过多年的探索和沉淀，创意性很强，根据时代的变化，把握消费者的口味，不断完善差异化和创新。且宋城演艺创始人兼董事长本就是中国旅游演艺行业的专家，被业界誉为"中国旅游演艺导演第一人"。

以上三点我认为是宋城演艺的竞争优势，但不能算作优秀的"护城河"。这是行业特征所决定的，消费者去过一个旅游景点，下一次未必会去相同的景点，况且全国旅游景点具备多样性，可选择性较强。

如果与迪士尼对比，宋城演艺缺少相应的黏性，迪士尼成功地抓住了孩子们的心智，家长们会以孩子们的乐趣决定消费选择，反复去多次。

六、拳头产品：商业模式可以只有三种

商业模式可以非常简单地分为三种：硬通货模式、管理层模式、高杠杆模式。

1. 硬通货模式。

指企业所提供的产品或者服务，具备足够的优势。回顾茅台酒的品牌，腾讯微信的刚需性，都具备很强的黏性，难以替代。只要将产品或者服务做好，做到极致，就是硬通货模式，这也是我们投资的重点方向。

2. 管理层模式。

指企业所提供的产品或者服务不具备黏性，只能以强大的管理团队，优秀的管理能力，通过提高效率、质量、规模等方式，节约成本，做大做强，尤其体现在门槛低、容易进入的行业。

连锁超市就是此种模式，且非常典型。开超市不需要多么高的门槛，租门面、装修、进货、雇人手，开业大吉。这一行的毛利率很低，净利率更是低到连5%都很难达到。

3. 高杠杆模式。

银行通过给予储户低利率的方式，将储户的资金吸取，进行对外的高利率放贷或者投资获取高回报。所以银行获取的储户资金都是负债，这一行的负债率普遍是非常高的，平均在90%左右，负债越高，利润越大。地产业同样如此，楼房建筑到一定程

度后可以收取客户的首付款,继续盖房,资金流转越快越好。

通过资金的运转,来撬动更大的资金,从而达到赢利的目的,风险控制很关键。

通过简单了解三种商业模式,会发现硬通货的商业模式才是最好的。往往硬通货商业模式的企业足够专注,其产品从来不愁销量。

宋城演艺得益于身处只收现金的好行业,从财务数据观察就属于硬通货模式企业。有兴趣的投资者可以进行最简单的实地考察,去玩上一圈,通过门票价格、游客量、翻台率、演艺节目的趣味程度对宋城演艺进行判断。

七、 企业经营: 管理层与经营业绩

如果投资者不是某些行业的专业人士,那么不必关注企业的战略。可以关注企业的管理层,战略是管理层制定的,评估管理层,看业绩就好。

优秀的上市公司管理层,就像优秀的基金经理一样,弥足珍贵,也很难被发现。这点很重要,因为没有具体的管理层指标数据,如果查阅管理层的履历,似乎全世界高管的履历都很光鲜。

费雪通过闲聊法进行企业调研,彼得·林奇经常拜访上市公司管理层,巴菲特直接任命上市公司管理层,有些方法对于普通投资者来说是很难做到的。巴菲特曾言,最喜欢买入傻瓜都可以管理的企业,因为总有一天会有傻瓜来管理。

我将个人方法总结为以下几点：

1. 选择出好行业中的好企业，业务简单易懂，是唯一龙头。与其关注那些还没有成长到龙头的上市公司，不如直接选择龙头公司，坐享其成。龙头上市公司哪怕因为某段时间的经营不善，出现问题，但因为有竞争优势，具备调整的缓冲地带，还会有很大的机会改变策略，一举翻身。

2. 观察该企业的高层是否稳定。经常变动的管理层，大概会有问题，如果没有问题不会换来换去。高管们手中掌握资源，如果不够稳定、频繁变动，会给企业带来伤害。

3. 重点关注企业一把手的背景。兵熊熊一个，将熊熊一窝，对于企业一把手的履历，一定要研读。虽然履历一般都很漂亮，但还是可以有一个初步印象，了解企业一把手的专业、经历以及背景情况。

同时可以观察同行业上市公司的年报里一把手的发言内容，看其对于当下的情况与未来的方向有何看法。

有人会高谈阔论行业趋势形势严峻，不容乐观，要努力奋斗；有人会表示行业很好，公司很好，很乐观。那么，我们有理由为后者担忧，经营企业不是小孩子过家家，一个决策失误便有可能出现危局，当如履薄冰。作为企业的一把手怎么可以没有危机感，自我感觉良好？就算真的没有危机，也要营造出危机感，不然员工很难投入精力严肃工作。

企业一把手，作为企业的灵魂人物，一举一动都影响着该企业所有员工。好的一把手可以带领企业走入辉煌；平庸的一把手会带领企业步入深渊；而带领企业成为行业龙头的一把手，自然是优秀的管理层代表。

4. 注意持续的高分红，高分红不能作为断定管理层优劣的标准，但回报股东是优秀的品质，并且高分红的上市公司更不容易财务造假。

5. 如果一家企业需要靠一把手来维持，那就不能算是一家真正值得投资的好企业；尽量选择行业天花板广阔、盈利模式简单、傻瓜都可以经营的企业。巧妇难为无米之炊，再好的管理层，也不能挽救夕阳行业。选择好行业中的好企业，可以最大限度地避免管理层的决策失误而带来的不良业绩。

6. 尽量选择创始人作为一把手的上市公司。作为创始人，从创立企业至今，这家企业就像创始人的孩子一样，他了解自己孩子的一切，是有很深厚情感的，哪位家长不希望自己的孩子好呢？

例如，马六在打理一门生意，如果是马六自己的生意，他一定会绝对的尽心尽力。如果马六是职业经理人，替他人打理生意，从这门生意的利润中提取报酬，那么马六会以什么样的方式来进行管理呢？是以透支企业的发展潜力来获得短期的高业绩，还是稳扎稳打，以长远发展为经营方向呢？当然，也不能一概而论，如果企业与职业经理人之间分享股权，荣辱共担，那么职业经理人会尽心尽力。

黄巧灵是军人出身，是宋城集团创始人、董事局主席，宋城演艺董事长，宋城艺术总团团长，"千古情"系列演艺作品总导演、总策划、艺术总监。既是创始人,又是一把手,宋城演艺在他的带领下,发展壮大。

我们同样可以用历史经营数据的方式,来判断管理层与企业。历史不等于未来,但是好的历史会大概率确定好的未来。

一名自幼品学兼优的好学生,大概率会成为未来的优秀人才;一名资深的赌徒,赌瘾成性,戒赌很难;一家处于行业发展黄金期的优势上市公司,经营业绩优秀,只要不犯傻,未来的业绩大概率会依旧优秀,尤其是大消费龙头企业。

不论宏观经济好坏与否,提供我们每天都要消费的消耗品的上市公司最容易基业长青。通过财报,可以清晰地了解到上市公司的历史业绩如何。而历史业绩忽高忽低的上市公司,太不稳定,要高度警惕并且找到原因。盈利的历史可以反映上市公司的经营情况,最少要观察上市公司 5~10 年的历史经营情况。

需要注意的是,投资者要重点关注扣非净利润同比增长率,就是扣除与正常经营无关的业绩后真正没有水分的业绩。

例如,某些上市公司业绩亏损,资金周转困难,可能会通过出售旗下资产的方式,换来现金流维持企业运转,同时当期的财务报告会有非常不错的业绩表现。

但是这种业绩是陷阱,是无法持续的,上市公司旗下资产是有限的,不可能无限出售旗下资产换取现金流与业绩。

更有些上市公司因为连续的业绩亏损,会以出售旗下的资产这一方式来残喘达到"保壳"的目的;对于这些上市公司,投资者要退避三舍,能跑多远就跑多远。

宋城演艺在 2010 年上市，我们取宋城演艺 2010 年至 2017 年近八年平均数据计算，净利润同比增长率高达 39%；近八年平均扣非净利润同比增长率高达 40%（见表 2-1）。简单的数据足以说明，宋城演艺的历史业绩是非常优秀的，利润增长是没有水分的正常经营业绩，是一名"三好学生"。

表 2-1　宋城演艺利润分析表

时间 科目	2017年	2016年	2015年	2014年	2013年	2012年	2011年	2010年
净利润同比增长率	18.32%	43.10%	74.58%	17.11%	20.22%	15.45%	36.05%	87.76%
扣非净利润同比增长率	24.77%	39.85%	83.63%	23.30%	24.83%	7.04%	22.39%	100.66%

资料来源：同花顺

再看一只医药股信立泰，2009 年上市，我们取 2009 年至 2017 年近九年数据（见表 2-2）。

表 2-2　信立泰利润分析表

时间 科目	2017年	2016年	2015年	2014年	2013年	2012年	2011年	2010年	2009年
净利润同比增长率	3.97%	10.31%	21.45%	25.51%	30.74%	56.73%	14.05%	64.69%	84.49%
扣非净利润同比增长率	1.14%	10.63%	20.69%	25.55%	33.18%	55.14%	12.84%	65.88%	86.85%

资料来源：同花顺

信立泰近九年平均净利润同比增长率 35%；近九年扣非平均净利润同比增长率 35%；优秀的上市公司总是惊人的一致。

顺便再看吉艾科技是否平庸，该股票 2012 年上市，取近六年平均数据（见表2-3）。吉艾科技近六年平均净利润同比增长率为 -87%；近六年平均扣非净利润同比增长率为 -131%；当然，或许在某一天，吉艾科技的业绩将会大吉大利。

表 2-3　吉艾科技利润分析表

时间 科目	2017年	2016年	2015年	2014年	2013年	2012年
净利润同比增长率	148.32%	-666.02%	-9.42%	16.78%	-29.01%	4.33%
扣非净利润同比增长率	138.70%	-893.55%	-17.75%	11.01%	-28.00%	2.82%

资料来源：同花顺

八、盈利本质：决定股票最终命运的是什么

这一节的内容十分重要，我认为投资最重要与最根本的有如下两句话。

1. 就投资而言，精神态度远大于投资技巧。

对于投资来说，扣除掉通货膨胀因素，只要投资者没有买入46元的中石油、99元的全通教育、44元的乐视网，且持有的股票不会退市、并非在高得离谱的巅峰买入，长期看是很难亏损的。每逢牛市，都会解套并且获利，但盈利有限，把握不住，再套个三年五载是家常便饭。在A股市场亏损很难，区别在于，持有优秀的上市公司股票会有丰厚的回报，持有平庸的上市公司股票则面对每一次的财报公布都会心惊胆战。但投资者很难做到长期持有，更多的投资者草草割肉。

2. 买股票就是买上市公司。如果你有足够的钱，会不会买

下这家公司？

什么是好公司？不违背法律法规能赚钱的公司就是好公司，业绩是评判标准，其余的一切都是花样。资本永远是逐利的，市场中经常谈论业绩，可少有人知道业绩究竟为什么那么重要，为何与股价挂钩。上市公司的业绩就等同于投资者的利润，看似彼此不相关，实则不分彼此。

其次，股价的波动长期看与业绩有惊人的关联性。也就是说，优秀的管理层带领好行业中的好企业，通过所提供的产品或者服务来赚取利润，而投资者的盈利在于上市公司的利润，两者的重点都在于利润。

上市公司没有业绩，就没有利润，没有利润的上市公司等于没有价值，利润如何强调都不过分。很多投资者了解大牛股几倍几十倍甚至几百倍的股价涨幅，只知道这是优秀的上市公司，却不清楚其中业绩与股价的逻辑关系。他们依旧乐于投机，很少关心上市公司的基本面（利润），最多关注上市公司短期的业绩。不过通过本章，投资者们将会颠覆认知，乐于钻研基本面而非技术面了。

2001年至2011年，茅台净利润10年上涨27倍，股价10年上涨27倍；五粮液净利润10年上涨8倍，股价10年上涨8倍。

2003年至2013年，茅台净利润上涨22倍，股价上涨26倍；五粮液净利润上涨12倍，股价上涨5倍。

2003年至2013年，格力电器净利润上涨33倍，股价上涨29倍；东阿阿胶净利润上涨12倍，股价上涨12倍；伊利股份净利润上涨 13 倍，股价上涨 12 倍。

是不是很神奇？实际上，类似的案例还有很多，股价的上涨最终离不开上市公司的利润。

到这里我们恍然大悟，似乎一切都解释得通了。背后的原因还是在于：估值！业绩上涨，估值下降，股价自然还会有上涨的冲动，所以股价由业绩支撑，才能真正为投资者带来利润。

诚如格雷厄姆曾言，股市短期是投票机，长期是称重机。

费雪只买入具备高成长业绩的上市公司。

巴菲特曾言，买股票就是买上市公司。

邓普顿会计算该股未来的市盈率。

彼得·林奇在《彼得·林奇的成功投资》这一著作中明确表示：最终决定股票命运的是收益！

例如，某上市公司每年净利润 10 亿元，市值为 100 亿元，则对应 10 倍市盈率；净利润保持在 15% 增速，五年后净利润翻倍为 20 亿元；在此期间没有分红，还是 10 倍市盈率的话，市值将从 100 亿元增长为 200 亿元；投资者并没有享受到股价的短期波动带来的收益，也会赚取翻倍的收益。

这翻倍的收益就来自公司的业绩成长五年翻了一倍，市值也随着净利翻了一倍。

如果业绩保持稳定增长并且期间有分红，收益则会更加可观。如果在买入时 10 倍市盈率，卖出时 20 倍市盈率，投资者的收益就是估值变化所带来的。

最为惊喜的是在低谷期买入后，业绩翻倍，估值翻倍，那就是经典的戴维斯双击。

实际上无论是哪一种情况，股票为投资者带来收益只有通过这三种变化：

1. 估值不变，上市公司业绩增长所带来的收益。
2. 长期持有，享受上市公司每年的分红回报。
3. 低估值买入，高估值卖出，赚取的估值变化收益。

所以买股票，就以合理估值甚至低估值买入那些最赚钱的且有高分红的龙头上市公司，安全有保障，更有利润。

第三章 定量分析：财报其实很简单

一、财务知识：小学就够了

彼得·林奇曾言：你在股市上需要的全部数学知识是你上小学四年级就学会了的。

事实的确如此，投资者只需要了解一些重要的财务数据，进行简单的加减乘除计算，了解所代表的含义就好。我读过很多投资书籍，但很少有哪本书会涉及具体的财务公式，更多使用的是加减法，一切简化，大都运用投资常识。

在本章节中，我将通过一些简单的加减乘除公式，用极少的数据告诉读者每一种数据背后所代表的重要含义。这至关重要，究竟这家上市公司是金是铁，该不该买入这只股票，往往会因为一组简单的数据而决定。

有用的数据至关重要，如果马六有足够的钱，要创办一家公司做生意，或者直接收购一家公司，马六就要了解创办或者收购的相关信息，这些信息就是真实的数据。

例如，马六要花费真金白银买入一家做电视机背板的公司，需要了解所投资股票背后的企业有多少负债、该行业都有哪些竞争对手、竞争激烈与否、该公司的竞争力如何、回款是否及时、现金够不够用、产品的毛利率是多少、净利率又是多少。最后进行总结：这家公司究竟能不能赚钱？如果可以赚到钱，回报率又是多少？

同时，运用一些简单的公式得出的结果，可以评估这家公司的买入价格是否便宜。

上述的考察指标，如果马六对于其中任何一项抱有怀疑、不确定或者不满意，一定会拒绝买入这家公司的股票。马六更可以没有任何理由就拒绝收购，看着不顺眼也是原因之一。因为马六是买家，投入的是真金白银，所以马六会任性一些、挑剔一些，最终目的就是最大限度地降低风险，然后赚钱，仅此而已。

哪怕马六非常看好这家公司的前景，但如果对方的要价贵了，马六也一定会拒绝。

就连小朋友在交换玩具的过程中，都在对比自己手中的玩具和对方手中的玩具哪个更好玩、这笔交易是否合算。可市场中的成年人做起交易来竟然连孩子都不如，一度令我匪夷所思。如果说孩子的玩具就是他的切身利益，是他快乐与否的关键，那么成年人的资金就不是他的切身利益么？

而投资股票，就像做生意一样，甚至像小孩子交换玩具一样，运用常识理解，并不需要多么专业的财务知识。

二、 真相大白： 财报三大表到底看什么

财报分为三张报表，分别是资产负债表、利润表、现金流量表，其实还有很多表，例如所有者权益变动表。但对于投资者来说，只需要看最主要的三张表：资产负债表、利润表、现金流量表。

由于本书的侧重点在于将投资简单化，主要讲解重要数据的

正确解读以及计算方式,力求简单易懂、生动有趣,避免繁复的财务知识。下面马六又要登场了。

马六要创办一家酒厂,但自己的钱不够,于是进行融资。有股东投入,就是股东权益;有向银行借款,就是负债。当资金到位后,马六有钱了,他买地建厂,这些都是资产。

地有了,厂房也盖起来了,招上了员工,准备齐全,开始酿酒。这时需要购买原材料,而粮食就是最主要的原材料,接下来马老板就要与上游的重要供应商发生资金往来的关系了。这种资金往来的发生方式通常有两种:

1. 马六给上游供应商打款,上游供应商才会发货,如此形成了预付账款。

2. 如果未来马六的白酒销量好、需求量大,那么对于上游供应商的可选择权变大,马六就占据了强势的地位,可以要求上游供应商发货后再付款,也就是民间通俗讲的"打白条",如此便形成了应付账款。

材料有了,马六酿出了白酒,但他不可能自己就将酒卖掉,需要通过下游经销商的渠道进行销售;如果马六的白酒销量不够理想,那么下游经销商便会强势起来,因为经销商没有理由将资金压在销量较差的产品中,如此一来,下游经销商会以把货提走后再付款的方式操作。

这样当然不会以现金的形式结算,下游经销商会通过银行承兑汇票和商业承兑汇票的方式进行付款,形成了应收票据。银行承兑汇票是由银行承诺兑现的,除非银行倒闭,不然这钱是一定会到手的。商业承兑汇票是由企业开出的，可信度当然没有银行承兑高，要看开票企业的支付能力以及诚信度。

有的下游经销商同样会进行赊账，白酒带走，回头给钱，形成了应收账款，企业的坏账大多发生在这里。但如果马六的白酒销量非常好，那么对于下游经销商的地位同样会强势，下游经销商也会有动力付款后再拿货，因为白酒销量好，下游经销商卖得快，赚钱也快。

可以做出一个排序，现金优于银行承兑，银行承兑优于商业承兑，商业承兑优于应收账款。由此可见，重点在于马六的产品是否优秀，它决定了马六的企业在上下游关系中的强势地位，任何公司都是如此，产品决定一切。

这个过程就是经营。

有资金到账就有了利润，但马六也不能胡作非为；按照《公司法》，企业要提取利润的一部分作为盈余公积金，用于企业再生产。要给员工发工资，有债务得还钱，给股东分红。最后剩下的利润，还不知道怎么花，但也不能乱花，就留在企业内部，形成了未分配利润。

但总有很多要花的钱，买入或者更新设备，买入原材料继续生产，这些是投资。经营的过程中有钱不够的地方，就找银行或者其他渠道进行借款，这是融资。

投资也好，融资也罢，一定都是围绕着经营开展的，如此就形成了一个圈：经营、投资、融资。如此循环，是一家企业运转的过程。对于会计来说，公司一辈子就干这三件事。所以循环流畅的公司，越发壮大，成为优秀的公司；循环卡顿的公司，走走停停，成了平庸的公司。

会计师们根据这个过程，第一步做出了资产负债表，发现不够用，又马不停蹄地做出了利润表，还是不够，最后呕心沥血地做出了现金流量表。

资产负债表是核心，利润表与现金流量表是延伸，这些都是人类智慧的宝贵结晶。

资产负债表：指企业在报告期内，有多少资产，这些资产又分别是什么，企业有多少借款，这其中有多少是长期借款，有多少是短期借款，哪些是有利息的。

利润表：指企业在报告期内，经营情况如何，是赚了多少还是赔了多少。

现金流量表：指企业在报告期内，收入了多少钱，付出了多少钱，还剩多少钱，记录这个过程。

三、抓住土豪：货币资金与负债

既然资产负债表是核心，那么投资者自然要第一个关注这张表，其中的最重点，就是货币资金与负债。

例如一家制造产品的公司，保持工厂的运转需要保养设备、人工费用、购买原材料的费用、水电费等各种开销。这些都需要花钱，无论哪一种开销跟不上，公司都无法运转起来。

当企业的负债过多时，资金链断裂的可能性极大，从而导致企业无法正常运转，进入停产状态。停产后不能生产产品进行销售回笼资金，那么面临的一定是倒闭风险。

作为曾经的华尔街巨无霸之一，有着"债券之王"美誉的雷曼兄弟，因为债台高筑，杠杆率太高，一个庞然大物轰然倒下。所以企业的负债情况至关重要，关乎企业的生死存亡，这是一条生命线。

但负债也要区分行业，例如银行是高负债行业，从储户那里得到资金，进行放贷，负债越高，赚钱越多，地产行业同样需要高负债进行流动。对于非银行、地产类上市公司，投资者要避免选择负债率超过50%的，负债越高风险越大。

负债也分为很多种，投资者需主要关注经营过程中产生的负债以及融资过程中的负债。

经营性负债通常都是没有利息的无息负债，比如应付账款，上游供应商发货后，公司再付款，也就是赊账、打白条，这种负债显然是没有利息的无息负债。通过此方式占用上游供应商的资金意味着公司产品优秀，地位强势。

预收账款，下游经销商客户付款后，公司再发货。此类情况说明，上市公司在面对下游经销商时占据强势的地位。

应付账款与预收账款相结合，通常属于上文中提到的硬通货企业模式，贵州茅台是其中的佼佼者。

融资性负债是指长期借款与短期借款、应付债券等，通常都是有利息的，而真正的好公司是不需要借款的（见表3-1）。

表 3-1 宋城演艺货币资金与负债表

时间 科目	2017年	2016年	2015年	2014年	2013年	2012年	2011年	2010年
货币资金(元)	14.60亿	10.05亿	14.83亿	10.20亿	9.05亿	14.24亿	17.67亿	23.50亿
负债合计(元)	12.77亿	10.06亿	12.73亿	3.44亿	2.73亿	2.66亿	3.37亿	4.42亿
资产负债比率	14.59%	13.29%	18.22%	8.54%	7.91%	8.33%	11.08%	14.85%
长期借款(元)	—	4.00亿	6.00亿	—	—	0.30亿	0.70亿	2.32亿
短期借款(元)	—	—	—	—	—	—	—	0.20亿

资料来源：同花顺

在上市公司的资产负债表中，第一行就是货币资金，因为货币资金是指企业的现金、银行存款以及其他货币资金，可以立即投入流通，在流动资产中货币资金流动性最强。宋城演艺的货币资金情况整体来看十分稳定，保持良好。

宋城演艺在经营历史中是有长期借款与短期借款的，2017年度是没有长期借款与短期借款的，负债比率在14.59%，长期来看，这一比例是非常稳定的。

货币资金与负债之间需要有合理的比例，数额太大，说明公司运用资金的能力较差，数额太小，说明公司的运营风险加大。不过我个人还是倾向于货币资金的数额较大，毕竟资金这东西宁滥勿缺、多多益善，哪怕放着浪费，也要强于缺少资金运转。上市公司的账面钱多是坏事么？显然不是，钱多的上市公司就是土豪公司，经营起来十分安全。

所以这里可以运用一个简单的计算公式：货币资金/负债合计是否大于1；如果大于1，说明公司经营稳健，资金没有问题。

投资者可以下载同花顺电脑端软件，选择宋城演艺后，按〈F10〉，选择财务概况，就可以找到这些数据。

宋城演艺2017年度货币资金14.6亿元/负债合计12.77亿元＝1.14，货币资金远大于负债，财务方面非常安全，且历年来货币资金均大于负债。投资者一定要关注上市公司尽量长时间周期的货币资金与负债合计的数据是否稳定。最低标准可以退而求其次，保证货币资金/有息负债大于1；如果一家上市公司的货币资金不能大于有息负债，那么经营风险巨大，放弃吧。

有息负债包括：短期借款、长期借款、应付债券、一年内到期的非流动性债券、一年内到期的融资租赁负债、长期融资租赁负债，这些一定是有息负债；应付票据、应付账款、其他应付款有可能是有利息的。

如果遇到不懂的词句，以及异常数据、较大波动，可通过巨潮资讯网下载财报查阅，按下〈Ctrl＋F〉，在搜索框中输入关键词搜索即可，如果财报中给出的解释不合理，直接踢开它。

注意以下两点：

1. 如果上市公司货币资金充足，却依旧有长期借款或者短期借款；那么投资者有充分的理由怀疑这家上市公司的财报有问题。理由很简单，公司账面有充沛的货币资金，却要去借有利息的钱，不符合常理。如果你有钱花，还会去借款么？

2. 注意财报中的其他货币资金数额是否巨大，如果是，找出解释是否合理，如果不合理，同样会有问题。

以上两点注意事项没有具体公式比例，投资者动用常识估测数额之间的比例就好（见表3-2）。

表3-2　宋城演艺2017年度货币资金详细数据

项　　目	期末余额	期初余额
库存现金	4 961 339.38	2 154 448.15
银行存款	1 455 195 213.06	1 002 760 610.70
其他货币资金	927.86	96 649.73
合计	1 460 157 480.30	1 005 011 708.58
其中：存放在境外的款项总额	185 040 326.80	55 365 075.87

对此投资者不需要计算，仅仅通过目测，宋城演艺的其他货币资金数量非常少，很显然是没有问题的。

信立泰的货币资金长期大于负债合计，负债率十分稳定，始终没有短期借款，长期借款在2015年0.6亿元，近三年逐步减少（见表3-3）。

表3-3　信立泰货币资金与负债表

科目＼时间	2017年	2016年	2015年	2014年	2013年	2012年	2011年	2010年	2009年
货币资金（元）	8.29亿	17.14亿	10.05亿	8.51亿	6.94亿	9.59亿	8.89亿	10.06亿	11.64亿
负债合计（元）	7.06亿	10.74亿	6.91亿	8.28亿	5.08亿	3.74亿	3.11亿	3.09亿	1.49亿
资产负债比率	10.28%	16.44%	12.83%	17.94%	13.95%	12.55%	12.70%	14.23%	8.39%
长期借款（元）	0.30亿	0.45亿	0.60亿	—	—	—	—	—	—
短期借款（元）	—	—	—	—	—	—	—	—	—

资料来源：同花顺

四、企业的拳头：应收付款项

通过应收款项、应付款项、预收款项与预付款项，可以判断出上市公司的产品或者服务是否属于"硬通货",以及上市公司在上下游供应链之间的地位是否强势。

尤其是应收款项,至关重要;上市公司不论销售了多少产品,如果收不回钱,完全是一笔亏损的买卖。上市公司赔本赚吆喝,投资者就不要跟着凑热闹了。

上市公司的应收款项包含应收票据、应收账款、其他应收款。

关于应收票据在上文已经提及,分为银行承兑汇票与商业承兑汇票,银行承兑汇票是由银行承诺兑现的,要远远优于商业承兑汇票。其次就是应收账款。最后是其他应收款,一些与主业无关的应收款项通通放在这里。

对于其他应收款要重点注意,如果数额较大,投资者要通过在财报中的搜索,在财报里找到解释。如果感觉合理,继续研究,如果感觉不合理,直接放弃。这个数额没有具体的比例,可以参考总营收,做一下对比(见表3-4)。

表3-4 宋城演艺应收款项与营业总收入

(单位:元)

时间 科目	2017年	2016年	2015年	2014年	2013年	2012年	2011年	2010年
应收账款	0.33亿	0.19亿	0.16亿	0.05亿	0.04亿	0.03亿	0.05亿	0.02亿
其他应收款	1.54亿	0.41亿	0.08亿	0.07亿	0.07亿	0.03亿	0.12亿	0.03亿
营业总收入	30.24亿	26.44亿	16.95亿	9.35亿	6.79亿	5.86亿	5.05亿	4.45亿

资料来源:同花顺

同时做出计算:(应收票据+应收账款+其他应收款)/营收

总收入 =6.18%；宋城演艺的营业模式以收取现金为主，所以没有应收票据。

该计算的结论是上市公司所提供的产品或者服务是否有足够的竞争力。如果得出的数据小于30%，可以说明宋城演艺是非常健康的，所提供的产品或者服务是非常优秀的。50%是一条较为危险的红线。极限是70%，真的不能再高了。

理论上讲，上市公司的业绩是可以要多少有多少的，但是注意，只有到手的资金，才是真正的资金。宋城演艺得益于非常好的经营模式（文化旅游与演艺），通过销售门票，只收取现金，产生了好的营收方式。

我们注意到宋城演艺的其他应收款突然增长巨大，面对这种情况，投资者一定要在财报中找到合理解释。如图3-1所示，宋城演艺因为没有收到股权转让款，将这笔费用放在了其他应收款，并非财务问题。

其他说明：
2016年12月28日公司与大盛国际传媒集团有限公司的股东安晓芬签订框架《协议》，于2017年3月31日之前公司将持有大盛国际传媒集团有限公司的35%股权全部转让给安晓芬指定的第三方，此次股权转让总价为16 077万元。考虑到双方已签订协议且预计在一年内完成，公司在2016年将对大盛国际传媒集团有限公司的长期股权投资归类在"划分为持有待售的资产"报表项目反映。

2017年3月31日，公司与霍尔果斯大盛传奇创业投资有限公司（受让方）、大盛国际传媒集团有限公司（标的方）和安晓芬（担保方）签订《股权转让协议》，《协议》约定：公司将持有标的方的35%股权转让给受让方，转让价格为人民币16 077万元，分两次付款，最晚于2017年11月30日完成付款，担保方安晓芬将持有标的方的65%股权质押给公司，公司办理了标的方35%股权工商变更及过户手续。

《协议》签订后，65%股权质押手续与35%工商变更过户手续均依据协议办理完毕。但至本《协议》最后付款日，公司未收到股权转让款，经过与安晓芬协商后，安晓芬将其持有的全部宋城演艺股票追加质押给公司指定的第三方。

截至2017年12月31日，公司仍未收到股权转让款，公司根据质押资产经评估后的公允价值挂账其他应收款11 319.86万元，确认投资亏损1 740.71万元。

图3-1 宋城演艺2017年度财报内容

信立泰的应收款项并不算特别优秀（见表3-5）。信立泰应收款项/营业总收入=34%；略高于30%这条线。

表3-5 信立泰应收款项与营业总收入

（单位：元）

时间 科目	2017年	2016年	2015年	2014年	2013年	2012年	2011年	2010年	2009年
应收票据	5.46亿	6.20亿	5.99亿	4.45亿	4.30亿	2.66亿	2.59亿	1.70亿	0.10亿
应收账款	8.35亿	7.95亿	8.21亿	8.39亿	6.97亿	5.45亿	4.14亿	3.16亿	1.96亿
其他应收款	0.57亿	0.59亿	0.19亿	0.20亿	0.09亿	0.07亿	0.08亿	0.07亿	0.06亿
营业总收入	41.54亿	38.33亿	34.78亿	28.83亿	23.27亿	18.29亿	14.75亿	12.98亿	8.50亿

资料来源：同花顺

应付款项（应付票据与应付账款、其他应付款）主要指公司付给上游供应商购买材料或其他用途的货款，通过数额的增多与减少，可以判断出公司在供应链中的地位变化（只有产品优秀的好公司才有强势的资本），而数额变小有两种可能：企业地位变强势；如果货币资金不够充足，或许是资金链问题。

预收账款，指下游经销商打款后，公司再发货。此类情况说明，上市公司面对下游经销商占据非常强势的地位，通常是硬通货公司。

所以预收款当然是越高越好，说明公司地位强势，而预付款越低越好，强势地位的上市公司预付款一定低于同行。如果此类数据变动过大，同样要找到合理解释。

通过应付款项、预收款项与预付款项，对比同行业公司，可以判断上市公司对于上下游供应商的地位是否强势。

宋城演艺各项业务由于并非涉及制作批量产品，主营业务是服务类，所以涉及的应付款项、预收款项与预付款项较少。

五、真金白银：现金流

企业的生存，现金为王，充足的现金对于企业太重要了，是企业的命脉，如果现金流断了，企业面临的是巨大的倒闭风险。业绩可以造假，现金流很难造假。现金流就如同在记录流水账，花了多少钱，赚了多少钱，最后算出的净额是负数，白忙活，等于没赚钱不说，还是亏损。

一家优秀的上市公司，现金流净额是持续稳定增长的。

现金流分为经营现金流净额、投资现金流净额、筹资现金流净额；投资者最需要关注的就是经营现金流净额，只有经营现金流净额持续为正的企业，才是真金白银赚到钱的企业。这一指标一定要以年度为单位、多年周期进行考量。

持续经营现金流为正的企业，财务十分健康，有能力扩大生产规模、搞研发。如果有的时候是正数，有的时候是负数，深入研究的必要并不大。持续都是负数的，这种企业甚至搞研发的钱都没有，直接踢掉。

并不是所有的现金流都是正数才是最好的，投资现金流净额为正，大概率说明该企业是在收缩，没有扩大生产业务的活动，因为投资是要花钱的。

筹资现金流净额为正，则说明还能从市场里筹到资金。

我个人倾向于，经营现金流为正数，投资现金流为正数，筹资现金流为负数；这意味着企业已经不再扩张，但也不需要融资借款，有真金白银入账，经营稳健良好。

或者经营现金流为正数，投资现金流为负数，筹资现金流为负数，这意味着该企业经营良好，有真金白银入账，未触及行业天花板，处于扩张阶段，扩张还不需要融资，不差钱（见表3-6）。

表3-6 宋城演艺净利润与现金流

（单位：元）

时间\科目	2017年	2016年	2015年	2014年	2013年	2012年	2011年	2010年
净利润	10.68亿	9.02亿	6.31亿	3.61亿	3.08亿	2.57亿	2.22亿	1.63亿
经营现金流量净额	17.64亿	10.30亿	9.15亿	5.28亿	4.29亿	3.96亿	2.95亿	2.50亿
投资现金流量净额	-9.35亿	-12.27亿	-15.91亿	-3.45亿	-8.42亿	-4.91亿	-6.55亿	-0.47亿
筹资现金流量净额	-3.67亿	-2.73亿	11.38亿	-0.68亿	-1.06亿	-2.47亿	-2.23亿	20.60亿

资料来源：同花顺

同时，这里还可以加入一条非常重要的标准：经营现金流净额持续大于净利润。这说明该企业赚取真金白银的能力非常强，这是我非常看重的一个重要指标。

宋城演艺2017年度经营现金流净额/净利润=1.6，历史数据中宋城演艺的经营现金流净额是始终大于净利润的，这也是得益于宋城演艺的盈利模式通常只收取现金。

我们再观察信立泰的数据（见表3-7）。信立泰较为遗憾，2017年度经营现金流净额小于净利润，比值为0.77。

表3-7 信立泰净利润与现金流

（单位：元）

时间 科目	2017年	2016年	2015年	2014年	2013年	2012年	2011年	2010年	2009年
净利润	14.52亿	13.96亿	12.66亿	10.42亿	8.30亿	6.35亿	4.05亿	3.55亿	2.16亿
经营现金流量净额	11.24亿	—	—	—	—	—	—	—	—
投资现金流量净额	-8.22亿	—	—	—	—	—	—	—	—
筹资现金流量净额	-6.77亿	—	—	—	—	—	—	—	—

资料来源：同花顺

在这里还可以再加入一条简单的标准：上市公司销售商品、提供劳务收到的现金/营业总收入大于1。逻辑与上条标准相同，主要衡量上市公司获取真金白银的收入能力（见表3-8）。

表3-8 宋城演艺总营收与收到的现金

（单位：元）

时间 科目	2017年	2016年	2015年	2014年	2013年	2012年	2011年	2010年
营业总收入	30.24亿	26.44亿	16.95亿	9.35亿	6.79亿	5.86亿	5.05亿	4.45亿
销售商品、提供劳务收到的现金	35.76亿	27.98亿	17.23亿	9.41亿	6.77亿	5.99亿	5.04亿	4.42亿

资料来源：同花顺

宋城演艺 2017 年度销售商品、提供劳务收到的现金/营业总收入 = 1.18，并且通过历史数据可以看出，历年来宋城演艺销售商品、提供劳务收到的现金大都大于营业总收入。

观察一下信立泰的表现如何（见表 3-9）。看数据，信立泰收到的现金大都小于营业总收入。

表 3-9 信立泰总营收与收到的现金

（单位：元）

时间 科目	2017 年	2016 年	2015 年	2014 年	2013 年	2012 年	2011 年	2010 年	2009 年
营业总收入	41.54亿	38.33亿	34.78亿	28.83亿	23.27亿	18.29亿	14.75亿	12.98亿	8.50亿
销售商品、提供劳务收到的现金	41.70亿	36.68亿	32.72亿	27.49亿	20.87亿	17.84亿	13.61亿	9.03亿	5.84亿

资料来源：同花顺

六、摇钱树：毛利率

投资者想要买入的当然是能赚钱的上市公司，对于一家上市公司的赚钱能力，毛利率非常重要。

毛利率越高，利润越足，这一指标当然是越高越好。巴菲特曾给出定义，好公司的毛利率要在 40% 以上。

A 股的典型代表就是贵州茅台，茅台每年平均毛利率都在 90% 左右，例如一瓶茅台酒卖 1000 元，那么每卖一瓶就赚 900

元的毛利润。

多少企业做梦都在追求好模式、好产品做到高利润。2012年至2017年，宋城演艺的毛利率始终保持在60%以上，毫无疑问，这是一家赚钱能力非常优秀的上市公司（见表3-10）。

表3-10 宋城演艺总营收与相关数据

时间 科目	2017年	2016年	2015年	2014年	2013年	2012年	2011年	2010年
营业总收入(元)	30.24亿	26.44亿	16.95亿	9.35亿	6.79亿	5.86亿	5.05亿	4.45亿
销售毛利率	63.19%	61.65%	65.65%	67.18%	70.81%	69.65%	75.17%	76.28%
管理费用(元)	2.12亿	1.69亿	1.32亿	1.03亿	0.76亿	0.62亿	0.50亿	0.41亿
销售费用(元)	3.25亿	2.77亿	1.07亿	0.37亿	0.24亿	0.38亿	0.42亿	0.30亿
财务费用(元)	0.12亿	0.13亿	0.01亿	-0.12亿	-0.15亿	-0.13亿	-0.13亿	0.24亿

资料来源：同花顺

通过毛利率对比上市公司的费用支出，同样可以获得一条非常重要的指标，那就是企业的真实竞争力；企业提供的产品或者服务足够优秀，就能花最少钱的钱，赚最多的钱。

销售费用指企业为销售产品或所提供的服务进行的宣传费用，打广告、搞营销、促销、保险费、包装费甚至销售人员的薪资以及提成都会被记在这里。

管理费用指企业在管理生产经营活动中的相关费用，具体包括工会经费、待业保险费、劳动保险费、董事会费、聘请中介机构费、咨询费、诉讼费、业务招待费、办公费、差旅费、邮电费、绿化费、管理人员工资及福利费等，杂七杂八一箩筐。

财务费用指企业为筹集生产经营所需要的资金而发生的费用，利息支出、汇兑损失、相关的手续费、其他财务费用会放在这里。

以上三种费用不必看得仔细，因为有下面这个公式，可以打包解决：

营收能力=(销售费用+管理费用+财务费用)/(营业总收入×毛利率)

宋城演艺2017年度：(管理费用+销售费用+财务费用)/(营业总收入×毛利率)=28.73%

这条公式的内在逻辑在于：可以充分对比出上市公司所提供产品或者服务的营收能力。

如果上市公司所提供产品或者服务所带来的营业收入，是依靠销售或者研发费用来支撑的话，说明没有足够强的竞争力。虽然对于医药行业来说，需要大量的研发费用来研发新产品，但研发是有风险的，投资者所要做的是最大限度地降低投资风险。

此公式的结果体现上市公司的营收能力。在30%以内，说明上市公司所提供的产品或者服务非常优秀，具备极强的竞争力，70%是一条红线。由此可以得知宋城演艺的营收能力非常优秀。

相比之下，信立泰的表现中规中矩（见表3-11）。信立泰的毛利率虽然非常好，但2017年度(管理费用+销售费用+财务费用)/(营业总收入×毛利率)=48.74%，毕竟其销售费用并不算低。

表 3-11　信立泰总营收与相关数据

时间 科目	2017年	2016年	2015年	2014年	2013年	2012年	2011年	2010年	2009年
营业总收入（元）	41.54亿	38.33亿	34.78亿	28.83亿	23.27亿	18.29亿	14.75亿	12.98亿	8.50亿
销售毛利率	81.10%	75.22%	73.77%	73.47%	75.74%	74.55%	62.04%	57.19%	55.70%
管理费用（元）	5.07亿	3.62亿	2.81亿	1.88亿	1.79亿	1.68亿	1.11亿	0.87亿	0.53亿
销售费用（元）	11.56亿	8.52亿	7.75亿	7.13亿	5.94亿	4.53亿	3.32亿	2.56亿	1.69亿
财务费用（元）	-0.21亿	-0.31亿	-0.13亿	-0.17亿	-0.16亿	-0.22亿	-0.19亿	-0.23亿	0.01亿

资料来源：同花顺

通过一则案例便可以知道该数据有多么重要，2018年，长生生物疫苗造假事件被曝，罪大恶极，很多人因此受害。可如果只是简简单单地观察长生生物的财报，会发现它的财务面竟然非常出色，是典型的高毛利低负债。但我在分析生物股份与长生生物后，通过上述公式，果断抛弃长生生物，买入生物股份。原因就在于虽然长生生物的财务数据是非常漂亮的，但根据此公式所得出的数据高达110%；说明它的营收主要依靠高强度的费用所支撑，产品本身不够强硬；结果后来长生生物就被爆出了可耻的大事件。

一条简单的数据，避开了一个大雷。

七、缓冲带：净利率

净利率是对毛利率的再确认，如同扣非净利润就是对净利润的再确认。只有扣除所有费用所得出来的净利率，才是最真实的，没有水分的。

巴菲特同样给这一指标设定了标准，好公司的净利率一定要高于5%，原则上上不封顶。

净利率当然是越高越好，如果是超低净利率的上市公司，对应的是管理层模式，需要以强大的管理团队运营，精于管理，将每一个细节都管控到位，把控成本。不然稍有经营不善，容易导致亏损现象，毕竟净利率太低了。

试想如果某上市公司的净利率在30%，如果因为意外情况的发生或者经营决策的失误，从而导致出现了经营困境，损失掉了5%或者10%甚至20%的净利率，最坏的结果依旧剩余10%的净利率。有足够的缓冲，最少不会出现亏损现象，重整旗鼓，翻身还有机会。

A股3000多家上市公司中，净利率低于5%的比比皆是。低净利率的上市公司对抗风险的能力一定略有不足，稍有不慎，面临意外情况发生时，很有可能利润全无，业绩亏损，ST的大帽子就扣在了脑门上。

所以对于低净利率的上市公司，无论营收多么出色，我总是会敬而远之，高净利率一定是组成"护城河"的一部分。宋城演艺的净利率2017年度高达35%，是非常优秀的数据，且历年来还算稳定；纵观A股，净利率超过35%的上市公司不多（见表3-12）。

表 3-12　宋城演艺净利率

科目＼时间	2017年	2016年	2015年	2014年	2013年	2012年	2011年	2010年
销售净利率	35.36%	34.66%	38.09%	39.00%	45.49%	43.74%	44.04%	36.73%

资料来源：同花顺

这一点信立泰相差无几（见表3-13）。

表 3-13　信立泰净利率

科目＼时间	2017年	2016年	2015年	2014年	2013年	2012年	2011年	2010年	2009年
销售净利率	34.59%	36.26%	36.51%	36.20%	35.80%	34.75%	27.49%	27.39%	25.39%

资料来源：同花顺

八、股神钟爱：净资产收益率

净资产收益率是净利润与净资产之比；该指标从股东的角度衡量上市公司对于股东投资资金的使用效率。

好公司的净资产收益率要高于15%，巴菲特对这一指标非常看重；该指标又叫作股东权益报酬率，直接反映出股东的收益水平，指标越高，股东的收益越高，可见其重要性。宋城演艺经过多年不断发展，净资产收益率不断提高，长期看还勉强算稳定增长，2017年度为15.6%（见表3-14）。

表 3-14　宋城演艺净资产收益率

时间 科目	2017年	2016年	2015年	2014年	2013年	2012年	2011年	2010年
净资产收益率	15.60%	15.07%	15.15%	11.01%	9.72%	9.22%	8.50%	32.54%

资料来源：同花顺

净资产收益率长期高于20%的上市公司十分少见，长期高于30%的上市公司十分罕见，长期高于40%的上市公司几乎没有；优秀的上市公司真的不算多。

关于净资产收益率，信立泰的表现十分出众（见表3-15）。

表 3-15　信立泰净资产收益率

时间 科目	2017年	2016年	2015年	2014年	2013年	2012年	2011年	2010年	2009年
净资产收益率	25.94%	28.68%	30.82%	30.75%	29.49%	27.13%	20.52%	20.62%	32.86%

资料来源：同花顺

到这里，财务面的重要指标介绍基本结束。

注意：对于本章节中的指标以及相关计算，投资者一定要根据公司历史数据观察是否稳定持续向好；任何一项指标数据出现较大的波动，一定要在财报中找到合理的解释。如果不能找到合理解释，则要回避该公司。

第四章

有效估值法：价值不仅仅是数字

一、 了解 PE、 PB 与 ROE

谈起估值,要明确价值和价格是区分开的,并非公司股价低就是估值低。

银行股普遍几块钱一股,贵州茅台几百块一股,难道这就是银行股估值低么?显然是否定的。

好比一块蛋糕,十人分与百人分,每个人所占据的大小是不同的。

如果将农业银行 12425 亿元总市值除以 2000 亿总股本等于 6.21 元每股;将农业银行 12425 亿元总市值除以 200 亿总股本等于 62.13 元每股;总市值没有变化,但每股的"含金量"显然是不同的。

所以投资者不能通过股价的高低来判断内在价值,而是要通过估值判断出上市公司的内在价值,这是模糊的。股价是指上市公司的目前每股价格是多少,是明码标价。

例如一家上市公司的当前每股价格是 10 元钱,如果内在价值是 5 元每股,那么当前的价格明显是被高估的,如果内在价值在 15 元每股,那么当前的价格明显是被低估的。

投资者要做的,就是判断上市公司真正的内在价值,从而进行决策是否具有投资价值,这就是所谓的估值。

只要学会了如何对上市公司进行估值,买入低估值的,在高估值时候卖出,从而得到丰厚的回报是必然的结果。

第四章　有效估值法：价值不仅仅是数字

需要注意的是，股票没有绝对的高估值与低估值，所谓的高估值与低估值，只是相对应的估值空间。虽然买入低估值的股票未必会马上上涨，卖出高估值的股票未必会马上下跌，但这可能是最有效的买卖股票的依据了。

很多投资者往往陷入误区。以我个人为例，在我刚刚了解股市，还没有买入股票时，我的原计划是买入低价股，或者买入跌破上轮牛市低点的股票，甚至是跌破发行价的股票，这种股票股价的位置会非常低。

为此我整理出了很多好行业中的上市公司股价的历史最高价格、历史最低价格与当前价格对比。结果我发现往往业绩不好的股票价格位于所谓的历史低位，往往业绩好的股票价格高高在上。我知道一定是哪里出了问题——原来股价与估值完全是两种概念。

我相信这是所有初入股市的投资者都会不理解的问题，至今更多的投资者还没有解决这种问题。

我也的确见到过多年的老股民还坚信股价，更相信低价而非估值。哪怕贵州茅台在 10 倍估值时，还是认为 90 元左右的每股价格太高了，上轮低点的股价可是在 50 元左右，后来才发现每股 90 元左右是多么巨大的机会。

市场中最常见的是市盈率（PE）与市净率（PB）的估值法，但不能一概而论，两者对应的行业企业的属性不同，侧重点自然不同。市盈率估值法与利润有关，是股价与收益的比率，更加倾向于轻资产型上市公司，而市净率估值法与净资产有关，是股价与净资产的比率，更加倾向于重资产型上市公司。

但无论如何，选股标准一定要满足净资产收益率（ROE）大于15%，这是一条标准线。该指标简单易懂，从股东的角度衡量，数据越高，意味着股东收益率越高。

二、市值比较估值法

市值比较估值法并不鸡肋，在A股与港股之间对比存在很大的投资机会。例如两家同行业公司，基本面各项指标数据都相差无几，但其中一家500亿元市值，另一家1000亿元市值，那么500亿元市值的肯定是比1000亿元的便宜，这在同股同权的A股和H股之间经常出现。

截至2018年10月11日，港币与人民币的汇率为：1港元=0.88人民币元；1人民币元=1.14港元。

农业银行A股收盘价为每股3.53人民币元，农业银行H股收盘价为每股3.53港元（约3.11人民币元），之间存在着-16.94%的溢价。

所以此时H股农业银行估值要低于A股农业银行16.94%，该估值法适于用作辅助估值法，实际上，对于上市公司进行估值，最少要有两套估值法相辅相成。

三、巴菲特的未来现金流折算估值法

在基本面的章节中，我们详细介绍了现金流的重要性；企业

第四章 有效估值法：价值不仅仅是数字

的生存，现金流为王。

充足的现金对于企业太重要了，可以说是企业的命脉，如果现金流断了，企业不得不倒闭。对于现金流不好的企业，请直接剔除掉，没有丝毫理由多做纠缠。而巴菲特在结合了烟蒂估值法与成长股投资法之后的估值方式，我认为就是折现后的自由现金流。

巴菲特的核心投资价值观当然是买入低估值的上市公司，计算出模糊的公司内在价值，在低于市场价时买入。虽然后来巴菲特受到了查理·芒格与菲利普·费雪的影响，以合理的估值买入优秀的上市公司，但谁不希望以更低的估值买入呢。

无论股神的估值方式如何改变，核心观点都在于：买入低估值的公司，或者以合理的价格买入好公司。问题在于，如何看待上市公司的内在价值！

巴菲特认为上市公司的内在价值在于未来折现后的自由现金流。

那么究竟什么是自由现金流？就是上市公司可以自由地、随意地动用的资金。相比于上市公司的净利润，自由现金流才是真金白银。

上市公司的净利润，并不等于真正的利润。上市公司在获取净利润后，想扩大生产规模，是要花费利润的，而自由现金流则不然，是自由的、可以随便动用的，两者之间有天壤之别。

亚马逊的创始人杰夫·贝佐斯对自由现金流非常重视；1997年，亚马逊上市后的第一封年度股东信里，贝佐斯开宗明义地说："如果非要让我们在公司财务报表的美观和自由现金流之间选择的话，我们认为公司最核心的关注点应该是自由现金流。"之后在长达 20 个年度的股东信里，贝佐斯不下几十次地反复强调过，公司最重要的财务指标，就是每股带来的自由现金流。

很多投资者最关注的是一家公司的利润，而忽视了比利润更重要的自由现金流。利润通常指的是某一个时间段（比如一年时间）一家公司通过经营能够获取的额外的资金。但是自由现金流还考虑了另外一件事，就是为了维持或者不断增加公司的利润，所需要投入的额外的资金，也就是要从利润里减去维持利润要投入的额外的资金，剩下的才是自由现金流。

巴菲特也曾后悔当初走眼没有投资亚马逊，这是巨大的失误。但无论是贝佐斯，还是巴菲特，都看穿了问题的本质。那么巴菲特的自由现金流折算估值法中，折现又是指什么呢？

我们做个比喻，如果进行某种稳定投资，一年会有 10% 的稳定收益。那么今年的 100 万元，等于明年的 110 万元。也就是说，明年的 110 万元，在今年，就是 100 万元，这就是折现。

折现自由现金流估值法，就是模糊地计算出企业的未来自由现金流通过折现的当前的内在价值。为什么是模糊地计算出？因为没法准确地预判，要模糊的正确，而不要精确的错误。这种思路直达最本质，指向了投资的最根本，也就是公司真正赚取的利润，公司真正放在口袋里不用再投资生产的资金。

这种估值方式还与巴菲特的投资方式有关，巴菲特的投资方式是将看好的上市公司买下来。他最需要的并非利润，而是控股

第四章 有效估值法：价值不仅仅是数字

的优秀上市公司所产生的源源不断的现金流，这些现金流是比利润更加宝贵的资源，是免费的资金，巴菲特可以动用这些自由现金流进行再投资，这是令人惊叹的投资方式。

这也是为什么巴菲特喜欢永远持有股票的原因之一，持有的并非股票，而是控制权。纵观国际投资大师们，试问有几人可以做到如此投资方式？这同时也决定了股神的投资很难灵活，因为需要足够的控股，需要成为实际控制人。

作为普通投资者，虽然没有直接控制上市公司的资金能力，但同样要长期持有看好的买入股票；也并非只买不卖，当持有的股票被高估值时，是要卖出套现的。毕竟普通投资者又不能控制上市公司，该闪人就闪人，不能含糊。

而能力圈原则也注定投资者的持股要精准，人的能力是有限的，不可能熟知各种商业模式与上市公司。投资者要认清自己的能力边际，投资不要超出自己的能力边际，不熟不做。

纵然有能力圈原则在限制投资领域，投资者依旧有失败的投资案例，股神亦是如此。

所以我将折现自由现金流估值法划分为我的辅助估值法，是因为我无法预测出企业的未来自由现金流，虽然优秀的上市公司未来大概率会创造出更多的现金流，但我很难为此制定出适合自己的投资策略，与我的仓位管理方法难以融合。

上市公司的未来业绩都是难以预测的，投资者或许可以模糊地预测出公司未来三年内的业绩情况，但也仅仅是三年，已经是极限了，任何估值方式无法运用模型与公式精准计算。

预测上市公司的业绩尚且如此，上市公司未来的自由现金流又如何能够预测得准呢？但投资者一定要选择买入现金流优秀的上市公司，即经营现金流净额大于净利润的上市公司，这点很重要。

其实巴菲特还有一种非常简单的估值法，他曾用一个简单的公式来判断股市整体的估值情况，这一指标也被媒体取名叫"巴菲特指标"。

这一指标非常简单，股市的总市值/GDP＝证券化率，利用证券化率判断市场的整体估值。巴菲特认为，如果证券化率处于70%～80%的区间内，买进股票就会有不错的收益；只有60%左右，股市则是被严重低估的；而如果在这个比值偏高时买进股票，就等于在"玩火"。

但这一指标对于A股真的有效么？宏观经济难以预测，无论是分子还是分母的变化，都会导致数据结果的变化，同时还受到很多因素影响。例如德国以银行融资为主，证券方面发展缓慢，虽然经济发达，但证券化率很低。

最重要的是缺少足够精确的数据，很多中国企业是在港股和美股上市的，所以一定要将这部分市值加入，否则计算出的结果是不准确的。相比"巴菲特指标"，市盈率指标更为有效。

四、神奇的估值线

价值投资者经常谈论花每股五元钱买入价值每股十元钱的上

第四章 有效估值法：价值不仅仅是数字

市公司；这种说法很模糊，真实情况是无法确认出这家上市公司的内在价值就是每股十元钱。

而我认为单凭折现自由现金流估值法也无法确定，因为该种估值方式是建立在预判出这家企业未来自由现金流的基础上。如果未来自由现金流减少，则该种估值法失效。也就是说，花五元钱买入价值十元钱的股票，仅仅是一种比喻，任何投资者都不能精确判断。

那么既然我将折现自由现金流估值法仅仅当作辅助估值法，最适合我的估值法又是什么呢？是一条神奇的估值线！

世界是有规则的，社会是有规则的，在商场、战场、各种行业中，甚至在一间办公室内都有规则，或明或暗，市场同样如此。

无论是什么样的市场，背后都是所有参与者的资金与情绪的碰撞，存在着规则。但往往99%的投资者都在关注政策面、消息面、技术面，却自觉地忽略了供求关系的规则。

消息面完全是捕风捉影；而技术面，甚至都不屑于捕风捉影，全靠猜。但市场的供求关系则大不相同。

凭什么白酒行业可以享受几十倍的市盈率估值，但银行业不行？白酒是好行业，银行也是好行业。人们需要享受生活、需要放松、需要社交、需要喝白酒；但同样，人们离得开银行么？两者都是社会需要的，人们离不开的。

最重点的原因在于银行业的体量已经很大了，很难再大了，这里面有供求关系。白酒行业好比一方水池，而银行业就好比一个大湖。就像同样的一块石头,扔进水池里,可以溅起水花,水位升高,但扔进大湖里就不行,水位很难变化,甚至连溅起一朵浪花都难。

遵循着这条道理,随着时间的锤炼,就演化出了不成文的规则,例如,酒行业的市盈率估值要高于银行业,15倍左右是合理估值,而银行业达到10倍估值都难。

这条理论似乎有些难以置信,让我们思考一下价格背后的供求关系。当市场或者某只股票出现政策面、基本面的利好变化,资金发现了似乎更高的回报率,就会蜂拥而至。股价的波动也会影响情绪、改变思维,从而调节供求关系。

但不论供求关系以什么样的方式变化,只要深入观察这条不成文的规则,就会发现,经得住历史考验的指数、行业与企业,都在遵循这条演化成熟的不成文规则。这条不成文的规则,是市场默认的。

无论任何投资方式,都在遵循着这条不成文的市场默认规则;无论估值方法多么正确,如果违背了这条规则,都是无效的。我将这条不成文的市场默认规则称作估值线。

优秀的上市公司往往有相同点,那就是现金流非常出色,选择好行业中现金流优秀的上市公司,在此基础上进行估值。

当投资者把握住估值线、遵循着估值线时,等于砸开了盈利的大门。投资并不神秘,越简单越好,一条神奇的估值线,代表着股市背后的大智慧,可能是最简单的投资方法。

可以说估值线是我最重要最看中的估值指标之一了,简单有效。但很多投资者怀疑这样是否过于简单了，如果投资可以如此简单，那岂不是每位投资者都可以赚钱？

原本投资就是非常简单的，越简单越好，不需要多么复杂的公式。也正因为简单，投资者表示难以置信，在持股的过程中，面对震荡或者下跌，无法做到长期持有。

认真投资，每位投资者都可以赚钱。在简单的背后，更要判断出上市公司本身的质地与行业天花板。

五、市净率估值法

上文中所提到的估值线，最适用于市净率、市盈率指标（市净率指每股股价与每股净资产的比率，越低越好）。

价值投资之父格雷厄姆的烟蒂估值法，核心理念就是安全边际。例如一只股票的内在价值是两元，而投资者花一元就可以买得到，这是一种幸福且有效的赚钱方式。

但这也仅仅是比喻，投资者该如何判断出企业的内在价值？答案是不能的，只可以做到模糊的预测，即模糊的正确。所以格雷厄姆的主张就是，便宜再便宜；最直观的方法就是关注破净股票（破净股票就是每股股价小于每股净资产）。

破净股票的上市公司就算是破产清算，每股的净资产价值都远远高于每股的市场价格。

这一指标虽然要结合当时的市场环境以及上市公司的经营情况及盈利能力等因素，但也非常的简单有效，尤其是对于银行业

(因为银行业的经营稳定,业绩很难出现较大的波动)。

观察一下上证指数的情况。如图4-1所示,2000年至2018年8月26日,上证指数市净率最低点1.22倍,最高点7倍,当前1.3倍,位于2%历史低位。

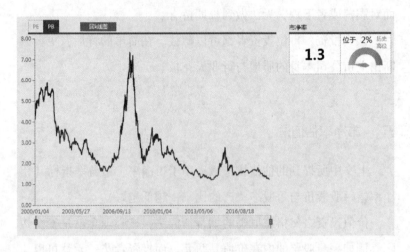

图4-1 上证指数历史市净率

上证指数在2000年至2018年,市净率还没有跌到1倍以下的位置。我们看到了上证指数18年的市净率历史记录;其中三次牛市,四次熊市。如此长的时间周期,足够画出一条市场默认的估值线了。

注意,一定要经历过时间打磨的估值线,才是市场的不成文的规则,具有效果。

投资者可以在上证指数1.3倍位置画出一条线,这条线就是可以建仓买入的估值线;当上证指数接近1倍或低于1倍时,就是市场的明确低估值。

在被低估值时,无论指数还是个股,下跌的概率都要小于上涨的概率。

A股中的上市公司,汇聚了全国最优秀的公司,是在赚钱的,随着盈利,规模会扩大的。我们做一个比喻:假设A股所有上市公司有一万亿元市值,每年有千亿元净利润,10倍市盈率,并以每年15%的净利增速保持稳定的业绩增长。在五年后,同样保持10倍市盈率,那么整体市值已经是两万亿元。

所以股市中有一条铁律,那就是长期看,股市的波动是有规律可言的,是不规则的向上波动。

上证指数是该指数内的所有股票汇总,在这些股票中,有优秀的,有平庸的。当上证指数在1.3倍市净率这个位置时,市场整体属于低估值区域,但并不代表所有股票,有的股票估值还不低。

当上证指数在低估值区间,投资者重点挑选那些低估值的好股票进行买入。建仓买入股票是一个过程,需要详细的策略,对于仓位的管理,将在仓位面的部分进行详细解读。

既然在上证指数1.3倍市净率位置画出的线就是估值线,通过历史我们可以发现,上证指数的市净率是很难跌破1.3倍的。如果真的跌破1.3倍市净率甚至更低,那么恭喜投资者了,此时要敢于加仓好股票。

个股同样如此,以银行股为例,在2015年股灾后,很多银行股都是破净的,市净率低于1倍,接近历史市净率低点,这就是明确的投资机会。虽然可能还会有更低点,但已经是确定性低估值的区域了。

价值投资,是根据估值来判断上市公司的低估区域与高估区域,但没有人可以判断出最低点和最高点。而市净率这一指标,可能是最简单的一种估值方法了,而且是非常有效的一种捡便宜的投资方式。

如图4-2所示,中国银行业绩稳定,2006年至2018年,最低市净率为0.72倍,最高4倍,截至2018年8月26日,市净率为0.77倍。

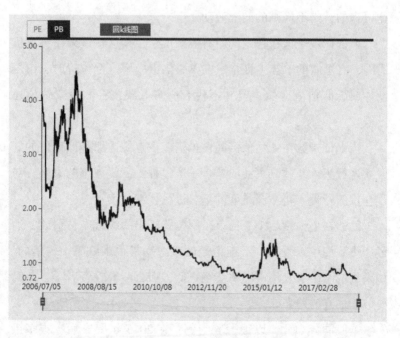

图4-2 中国银行历史市净率

第四章 有效估值法：价值不仅仅是数字

银行股的市净率在1.5倍左右是合理估值，由此可以得出结论，在0.77倍市净率买入中国银行，在1.5倍市净率卖出，有近一倍的收益，可以算作无风险套利行为。

由于市净率这一指标所体现的是公司账面上的资产，重点使用于重资产型企业，对于轻资产型企业则作为辅助估值方式。

轻资产公司的市净率较高，因为公司的价值中的品牌、技术、渠道这些不会计算到公司账面上。为了避免上市公司已经赚取利润后，再进行大量投入，尽量选择轻资产型上市公司。

如图4-3所示，宋城演艺自2010年上市至今，市净率最高

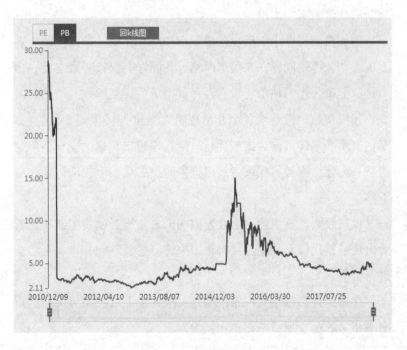

图4-3　宋城演艺历史市净率

点在28倍，这过分疯狂了，投资者完全不要理会。在2015年牛市巅峰，宋城演艺市净率高达15倍，最低点在2012年2.11倍市净率，截至2018年8月26日，为4.4倍市净率。

对于宋城演艺来说，4.4倍市净率是可以进行试探建仓买入的参考估值区间。且宋城演艺是轻资产型上市公司，市净率估值为辅助估值法。

投资者尽量不要买新股，因为新股在上市之前，会有进行财报"美颜"的冲动，导致数据不够精确，带着水分。而且低于十年历史的上市公司，没有经过市场足够时间周期的打磨，很难判断出估值的真实水准。

例如白酒行业十年历史的最低市净率在5倍，某家白酒企业上市成功，哪怕同样在5倍市净率，我同样会保持怀疑态度，因为这家上市公司的估值还没有经历过市场的反复锤炼。

如果指数、行业或者企业出现重大变化（转型等变化），真实估值水准同样可能会出现变化。指数很难出现重大变化，但是当某一行业出现被替代或者衰退迹象时，那么估值线或许会相应下移。

投资股票，看重的是企业发展的未来，当企业转型或所在行业出现被替代以及衰退迹象时，未来难有想象空间，市场自然会进行调节。

我还给自己设定了一条限制，如果一家上市公司历史最低市净率超过五倍，那就不要买入，太贵。

六、 市盈率估值法

阅读各种各样技术分析的投机书籍，学习各种投机理论，如同通过读书学习如何去亏钱。而价值投资就要容易得多，为上市公司估值，通过历史数据，结合行业前景，预测出上市公司未来的模糊的业绩。

市盈率，是常见的评估股价是否合理的重要指标之一。

在股市里，很多股票的价格涨幅巨大，直接表现为市盈率高高在上，百倍乃至千倍。很多投资者竟然明言，对于科技行业科技公司或是其他某上市公司，哪有看市盈率的，那简直是无效的、是愚蠢的；这种观点令我无言以对。

由此可见，一只股票的疯长，对于投资者来说，是多么有吸引力，殊不知风险像是隐藏在黑暗中的猛兽，早已蓄势待发。

在股市里，90%的投资者是充满不理智的。当投资者持有的股票上涨时，在内心深处，会有各种理由看好：这就是一只好股票。反之，当投资者持有的股票下跌时，在内心深处，会有各种理由看跌：这就是一只垃圾股票。虽然事实可能恰恰相反，有一条线牢牢地限制着股价：跌多了会涨，低估值的早晚上涨；涨多了会跌，高估值的早晚下跌。

那么市盈率究竟代表着什么？我们不去看那些晦涩难懂的专业术语，用简单的一句话来概括：假设一家上市公司每年可以赚1亿元的净利，支付10亿元的价格去买入这家上市公司，市盈率就是 10 倍，意味着在保持这种净利的前提下，10 年可以回本。

如果为此支付 20 亿元的价格去买入这家上市公司，意味着在保持这种净利的前提下，需要 20 年可以回本。投资，当然越早回本越好，对于那些市盈率几百倍甚至上千倍的上市公司来说，如果业绩不能大幅度提高，意味着需要几百甚至上千年才能回本。这难道不是十分可怕的投资么？

当然不排除因为特殊情况，某上市公司的利润剧烈下滑或者亏损，导致超高的市盈率或者亏损市盈率；或是业绩大幅度提升，导致高高在上的市盈率大幅度下降。这需要准确地判断出该上市公司能否顺利度过危机，业绩是否可以大反转，从而大举抄底，等待该公司的复苏。

精准判断仅仅是第一步，更需要大勇气、大气魄，很多老练的投资者皆是此道高手。

2008 年三聚氰胺毒奶粉事件，伊利股价跌幅数倍，业绩亏损，戴上了 ST 的帽子。很多投资者内心十分清楚，中国庞大的人口基数等同于庞大的市场，尽管伊利股份受到了毒奶粉事件的牵连，整个乳制品行业的信誉受到了质疑，这对于食品行业是重大的打击，不过这只是暂时的，随着时间的推移，质疑会慢慢地被淡忘。随着经济的发展，人们生活水平的提高，几乎每个人都要喝奶，这个市场潜力太大了。

可回顾那一年，伊利的基本面的确大遭破坏；后来伊利用实际行动证明这只是暂时的，乳制品行业会重回正轨、拿回声誉。塑化剂事件、瘦肉精事件，也如出一辙。

喝酒、吃肉、加瓶酸奶难道全部要依赖进口么？根本不现实，也不可能。当人类的必需品行业因为重大危害事件而遭受巨大打击，短期看是利空，但长期看是利好。

不仅是股价因为利空而暴跌，给投资者带来低价买入的好机会；更是因为问题的暴露，随之而来的是高度重视、加强监管、整顿行业、解决问题、杜绝问题。有问题不怕暴露，就怕将问题压下而得不到解决，只有解决问题，行业才可以健康发展，企业才可以发展得更好。

所以对于投资者来说，一定要学会估值，才能做到心中有数、大胆买入，并且避开超高的市盈率或者亏损的市盈率。当一只股票股价暴跌，估值会变得很低，但具体低到什么程度，需要用估值线进行判断。

投资本就是风险行为，要竭尽所能降低风险，充分明确自身的能力边际，不要做超出自身能力范围的事情。

市盈率分为三种，可很少有投资者明白三种市盈率的含义；更多的投资者为究竟该看动态市盈率还是静态市盈率苦恼，其实还有滚动市盈率（TTM 市盈率）。甚至有号称 10 年股龄的老股民盯着静态市盈率沾沾自喜，认为找到了正确的估值方式。所以我大胆估算，单单了解并区分出下列三种市盈率，便已经超越了 90% 的投资者。

市盈率分为静态市盈率、动态市盈率、滚动市盈率（TTM 市盈率）。

静态市盈率 = 总市值/上年净利润。

这种计算方式反映的是上一年的业绩估值，上市公司的业绩难以平稳，所以静态市盈率严重滞后，没什么用。

动态市盈率=总市值/预估全年净利润。

例如某上市公司公布的第一季度净利润是1亿元，那么预估全年的净利润就是4亿元。这种市盈率简直无脑、粗暴到了一种境界。很多上市公司的业绩会有季节性，即旺季期间自然业绩更好，淡季期间自然业绩不够理想，所以动态市盈率的计算方式严重缺乏准确性。

最为准确的市盈率算法是滚动市盈率，相比于动态市盈率与静态市盈率要更加全面。

滚动市盈率=总市值/最新四个季度的净利润。

例如一家上市公司财报已经公布到2017年的第一季度，那么算法就是：总市值/2016年第二季度至2017年第一季度的净利润总和；最大程度避开了静态市盈率的滞后性与动态市盈率的失准性。

通过滚动市盈率可以有效地判断出上市公司的估值情况，同样可以画出估值线，与市净率逻辑相同。

如图4-4所示，上证指数2000年至2018年年末，最高市盈率73倍，最低市盈率9倍，当前11.2倍，位于历史低位。

通过这张图，让我们细数一下上证指数的牛熊估值线的运行轨迹。

2005年的一轮大牛市，启动点在上证指数18倍左右的市盈率估值线位置；2008年的牛市，启动点在14倍左右的市盈率估

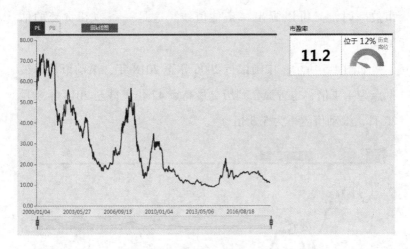

图 4-4 上证指数历史市盈率

值线位置；2014 年牛市，启动点在 9 倍左右的市盈率估值线位置。当前在 11.2 倍市盈率估值线位置，位于 16% 的历史高位，作为投资者该如何决策？

我的决策是，积极买入，重仓配置好股票。虽然在上证指数 11.2 倍市盈率时，投资者是无法确认是否为真正底部的，但我不会因为预计会下跌最多 20% 左右，而放弃未来超过 100% 的上涨空间，并且在这个位置，很多好股票的估值真的很低。我在 12 倍市盈率位置是可以画出一条有效估值线的，在这条估值线，可以大胆建仓买入好股票，甚至是重仓、满仓持有。

在上证指数 15 倍市盈率的位置，我们同样可以画一条估值线，这一条是合理偏低估值线；在上证指数 20 倍市盈率的位置，画一条中枢估值线。如果上证指数跌至接近 10 倍或者低于 10 倍市盈率时,又可以画出一条估值线,这是一条疯狂贪婪的估值线。

如图4-5所示,中国银行2006年至2018年,滚动市盈率最低点为4.4倍,也曾疯狂到历史最高点42倍,截至2018年8月26日,滚动市盈率为5.3倍。

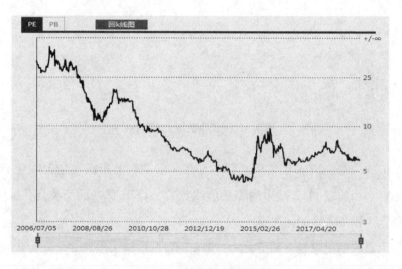

图4-5 中国银行历史市盈率

至于中国银行是否会跌到4.4倍甚至更低,我还是不知道,毕竟低估值只是个区域,但我知道中国银行当前是明确低估值。

市盈率估值法,对于未来的业绩情况预估至关重要,这也是对于所有投资者来说最难的事情。例如当前某上市公司的滚动市盈率为5倍,已经处于历史最低点。看似当前是低估值的,不过

第四章　有效估值法：价值不仅仅是数字

如果业绩不能达到预期，出现下滑，在股价没有变化的前提下，市盈率则会相应提高，从而影响估值状态。

没有任何一位投资者可以精准预测企业未来的业绩，所以需要通过上文中的基本面（财务面）章节，确定出上市公司是否为一家合格的好公司，一定要关注该上市公司的基本面是否稳定。

要区分重资产型企业和轻资产型企业，重资产偏重市净率估值法，轻资产偏重市盈率估值法。

如果某上市公司与该行业的最高市盈率与最低市盈率相差无几，近5~10年最低市盈率在5倍，最高市盈率在15倍，且该企业当前经营情况良好，符合基本面择股条件，那么在接近5倍市盈率甚至更低时，就应该大胆买进，在超过10倍接近15倍市盈率时，必须要有减仓动作直至清仓。

如图4-6所示，宋城演艺自2010年上市至今，市盈率最高为126倍，那是在2015年的牛市，市场给出了无比疯狂的高估值；最低点为2012年11月的24倍；2018年8月26日为28倍。作为保守投资者，可以在30倍市盈率画出一条合理估值线。

我最近的操作是在2018年7月份26倍左右市盈率开始建仓（同时使用其他估值法辅助确认后所进行的操作）。至于买入与卖出的仓位管理，将会在仓位面的章节里进行详细说明。

需要注意的是，如果一家上市公司历史最低市盈率超过30倍，那就不要买入，太贵！

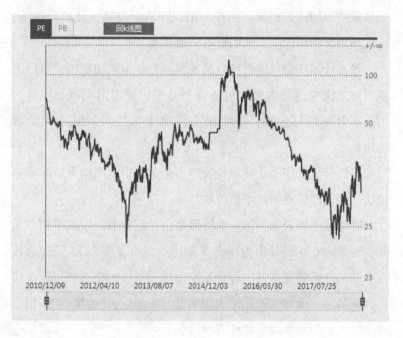

图 4-6　宋城演艺历史市盈率

七、烟蒂估值法

烟蒂估值法的创始人是本杰明·格雷厄姆,体现为**市净率**这一指标。

市净率,是指每股股价与每股净资产的比率,也可以是上市公司的市值与净资产之间的比率计算。

当市净率小于 1 时,等于上市公司的净资产大于市值,意味着就算该上市公司破产清算,以净资产大于市值的价格买入,也是一笔稳赚不赔的买卖，所以这些破净的股票，是明确低估值状态的。

可总有投资者不敢买入，有两点原因：

1. 因为在熊市中往往以非理性下跌为主，才会有大把的破净股票（例如银行股），哪怕低估值的股票，投资者无法克服心中的恐惧，也难以做出买入的决定；或总想抄底，错过破净股票。

2. 净资产包括流动资产和固定资产，其中固定资产是指公司为生产产品或提供服务，而持有、使用时间超过 12 个月的，价值达到一定标准的非货币性资产；房屋、机器设备、运输工具甚至办公电脑等相关的办公设备都属于固定资产。这些固定资产并不是说卖就可以卖掉的，变现有些困难。这是市场所担忧的，净资产中的固定资产未必就真的值这个价。

格雷厄姆的烟蒂估值法就是剔除掉一切"不合格"因素，将低估值明码标价压缩到了极致，能减去的通通减去。

这个公式的计算方式为：估值 = 净资产 − 固定资产 − 总负债 − 存货（并非所有的上市公司都具备类似茅台不愁销路的产品，所以干脆剔除，权当剩余的库存也卖不出去）− 永续债（无期债务）− 少数股东权益，如果计算结果大于当前市值，还有剩余，那么这已经是极限低估值了，是一笔稳赚不赔的买卖。

在经济欣欣向荣时，哪怕在熊市，也很难有上市公司跌到如此便宜，毕竟美国大萧条时代是历史罕见的。对于投资者来说，将更多的精力与时间放在优秀的上市公司身上是最佳的选择。烟蒂估值法最终被巴菲特所抛弃，这与伯克希尔·哈撒韦的投资规模巨大、而买入小公司难以有理想的回报存在一定的关系。

以低估值的价格买入低估值的优秀的上市公司当然是最优选择，以合理的估值买入优秀的上市公司也是一笔成功的投资，要避免以低估值买入一家平庸的上市公司。

时间是平庸公司的敌人，是优秀公司的朋友；随着时间的流逝，平庸的公司将会更加平庸，优秀的公司将会更加优秀。并且优秀的上市公司是很难出现低估值状态的，投资者更应该看重的是上市公司的可持续的盈利能力，而平庸的上市公司总会有这样那样的问题。当然对于普通投资者来说，如果发现了适合烟蒂估值法的估值标的，也是一笔稳赚不赔的无风险套利生意。

算法也不麻烦，例如截至2019年1月15日，吉林敖东市值175亿元，持有的广发证券股权市值就有178亿元，并且敖东本身每年的医药还有十多亿元的营收，这不就是典型的烟蒂股么。

八、股息率估值法

很多投资者更在意的是股价，对于分红这一指标并不在意，恰恰相反的是，分红是相当重要的指标之一。巴菲特相当喜爱高分红的股票，在他看来，回报股东的上市公司才是优秀的，对于一毛不拔的铁公鸡就不要投资了，没什么乐趣可言。

上市公司的分红越多，说明盈利丰厚，不然不会有资金为股东分红。管理层回报股东，这是优秀的公司品质，慷慨分红的上

第四章 有效估值法：价值不仅仅是数字

市公司更显珍贵。

上市公司在高速发展时期不予分红是可以理解的，毕竟在公司赚取丰厚利润后进行扩产加大建设，巩固市场份额，从而获取更好的利润回报，这亦是对股东的回报，体现在业绩推动股价上涨。但当上市公司已经度过了高速发展时期，却依旧不给予分红，那就是在耍流氓了。

在公司发展时期股东给予了宝贵的资金投入，资金是有时间成本的，当上市公司发展壮大后，业绩稳定且难以再通过利润投入获取高业绩增长时，留着资金不给股东分红放在账上就是白白地浪费掉，资金闲置是会"折旧"的。

现金分红并非增股转股游戏，是真金白银地在分钱。并且高分红的上市公司，在财务上造假的可能性更小，因为造假难度在加大。往往存在财务造假冲动的上市公司是因为没钱，高分红的上市公司往往不缺钱。最重要的是，当分配到高分红后，进行再投资，这就是复利操作。

《投资者的未来》这本书是美国宾夕法尼亚大学沃顿商学院金融学教授杰里米·J.西格尔所著，书中融合了大量的数据，通过严谨的分析，揭示出了这样一组结论：

投资者的长期收益并非全部来源于业绩的增长，也包含买入低市盈率的高分红股票，在获取分红后，继续投资，获得更多的股票。

在1881年到2003年的122年中，股票的收益率在扣除掉通货膨胀后，97%来源于分红与分红后的再投资，只有3%来源于股价的"真实增长"。加上分红再投资进行计算，股票的真实年化回报率是7%左右；如果去除分红再投资的数据，真实的年化回报率仅为4.5%。

在书中作者以新泽西标准石油与IBM进行对比，前者作为过时的经济代表，后者作为强势的新经济代表，1950—2003年，新泽西标准石油的股价上涨120倍，而IBM的股价上涨300倍左右！但在此期间，计算新泽西标准石油的分红再投资与IBM的分红再投资后，新泽西标准石油的收益高于IBM。

原因并不神奇，因为新泽西标准石油具备低市盈率加高股息率，投资者在获取新泽西标准石油的高分红后，继续买入新泽西标准石油的股票，获取更多的股息。所以投资者当然要买入低市盈率、高分红的股票，通过复利享受高额的回报。长期来看，高分红这一指标的重要性不言而喻。

2018年度两期国债利率，第一期期限为三年，票面年利率为4%，最大发行额为200亿元；第二期期限为五年，票面年利率为4.27%，最大发行额为200亿元。

我们以银行股举例进行对比，农业银行2017年年度分红实施方案为A股每股现金红利0.1783元，2018年5月24日为农业银行股权登记日。注意这不是数字游戏，而是真金白金的现金分红。

农业银行2018年5月24日收盘价为每股3.61元。

每股分红/每股股价=0.049，也就是4.9%的股息率。

银行业的分红历来是十分稳定的。通过计算可以得出，农业银行 4.9% 的股息率远高于期限为五年的国债利率了，当然是十分具备投资价值的。同时，银行盈利稳定，随着时间的流逝，股价还会上涨。

但很多投资者会有一个疑问：上市公司分红后会除息，股价向下调整。股权登记日的收盘价格除去所含有的股息或股权，就是除息或除权报价。如此一来，等同于没有分红。这其实存在一个很大的误区，一定要多次强调：分红不是增股转股的数字游戏，是真金白银的现金分红。

对于投机者来说，分红除权后，确实可有可无。但对于价值投资者来说，高分红是非常重要的，重在长期持有。

例如某上市公司总股本 1 万股，分红给 100 名股东，每名股东持有 100 股，得到分红后，可以选择继续买入，未来可以获得更多的股息。就算投资者在获得分红后选择不买入，例如农业银行股息率稳定，若在每股 3.35 元的价格买入，按照 2018 年底分红方案每 1 股派 0.1783 元（含税），股息率约在 5.32% 左右（0.1783/3.35）。

持有 20 年后，单论每年吃掉的股息回报，就已经与投资的本金持平了；也就是说投资者在农业银行有 5% 的股息率时投资 100 万元，持有 20 年后的累计股息回报就有 100 万元。

还记得我们在第一章第二节中所讨论的内容么？

当投资者持有的债券到期后，会得到利率的回报，然后就与该债券没有任何关系了。投资者付出了宝贵的资金周期成本，得到的仅仅是一些利息，如果算上期间的通货膨胀率，收益几乎等于零。但持有股票不一样，只要投资者持有该股票没有卖出，就是该企业的股东之一，会享受企业发展带来的股价上涨回报。

股息率估值法，逻辑在于只要股息率稳定且大于国债利率，就是安全的投资，股息率越高越好。

由于宋城演艺属于成长型上市公司，处在黄金发展时期，所以股息率很低，此种估值法无效。股息率估值法更适用于大象型上市公司，例如稳定高分红的银行股。

身在熊市的投资者不会知道熊市会持续多久，但当银行的股息率涨到5%左右，要敢于买入，股息率涨到5.5%要敢于加仓，股息率涨到6%要勇于加仓，股息率涨到7%，更是难得的投资机会。

九、 邓普顿估值法

《邓普顿教你逆向投资》一书是邓普顿的侄孙女所著，揭露出了一则邓普顿的选股公式：当前的每股价格/五年后的每股收益<5，邓普顿则会考虑是否买入。这是非常苛刻的一种择股标准，结合低估值与成长性。

我们可以将公式简化为：总市值/五年后的净利润<5。例如一家上市公司当前总市值1000亿元，净利润100亿元，对应当前10倍市盈率，保持未来每年15%的净利润增长，五年后将会有200亿元的净利润。当前总市值1000亿元/五年后净利润200

亿元=5，符合标准，可以买入。

如果上市公司当前总市值1000亿元，净利润100亿元，对应10倍市盈率，未来每年有10%的净利润增长，五年后将会有161亿元的净利润。当前总市值1000亿元/五年后净利润161亿元=6.2，不符合标准。

如此选股标准，也仅仅在熊市可用。

在熊市中，一定不会缺少邓普顿的大肆买入的身影，他喜欢熊市与悲观。这导致美国股市已经不能满足他了，他在全球市场搜刮便宜货。严格的选股标准得益于所面对的庞大全球金融市场，意味着邓普顿的股票池要远远大于普通投资者。

最难点在于，如何预测上市公司未来五年甚至十年的业绩增长率。

选择出行业天花板广阔、具备竞争力与护城河的上市公司，通过历史的经营业绩情况预测未来的业绩。

还是以宋城演艺为例，得益于中国巨大的人口优势，以及人们生活水平的提高，旅游行业拥有广阔的发展前景，目前是旅游业的黄金发展期。宋城演艺在2010年上市到2017年，近八年平均净利润同比增长率高达39%；近八年平均扣非净利润同比增长率高达40%。宋城演艺2018年11月3日有328亿元总市值，2017年第四季度至2018年第三季度净利润总和为13亿元，对应25倍市盈率。

如果达到邓普顿的买入标准，则当前总市值328亿元/五年后净利润（每年净利润增长38%）65亿元=5。

纵然宋城演艺是一家优秀的上市公司，近八年净利润同比增长率有39%，我也很难乐观地认为宋城演艺可以在未来五年保持38%的净利润增长。

投资是一门艺术，是没有标准的，预测业绩同样如此。人们喜欢购买超市打折的商品，投资者要买入估值打折的股票，对于未来的业绩预测，同样要进行打折。

我并不认为自己有能力预测出上市公司未来5~10年的净利润增长，所以尽可能地对于上市公司的业绩保持悲观预期，从而降低买入的估值。如果业绩真的悲观，我也并不会有什么损失，因为原本业绩预测就是悲观的；反之，如果真实的业绩乐观，那就是赚到了。所以对于宋城演艺，我可以给出未来五年最多20%的净利润增长预期，对比宋城演艺近八年的39%净利润增长，几乎打了一个对折，我认为是十分有必要的。

宋城演艺当前总市值328亿元/五年后净利润（每年净利润增长20%）32亿元=10，不符合邓普顿买入标准。但是在25倍市盈率的操作仅仅是建仓，在后面仓位管理的章节中将会介绍建仓方式，根据估值线，预留出了三级建仓位，最低14倍市盈率，业绩不变的前提下对应180亿元估值。

总市值180亿元/五年后净利润（每年净利润增长20%）32亿元=5.6，勉强符合邓普顿买入标准。投资没有硬性标准，要符合市场环境，在A股市场，宋城演艺14倍估值是难以实现的。

为此我不得不感叹所发现的神奇估值线，得出了与邓普顿几乎相同的买入标准,并且不会错失买入的机会。

至于为什么非要在328亿元市值对应25倍市盈率建仓,请耐心往下阅读。

十、彼得·林奇与PEG估值法

彼得·林奇一生买过太多的股票,但并非随意买入,每一只股票都是有买入逻辑的。

在《彼得·林奇的成功投资》一书中,彼得·林奇揭露了上市公司净利润增长率与市盈率的关系PEG,通过该指标来判断上市公司的估值高低,合理的位置是市盈率与净利润增长率相同。

PEG指标又称市盈率相对盈利增长率,是吉姆·斯莱特所发明的指标,该指标弥补了市盈率对于企业成长性的预估不足,这也是我非常喜欢的一个指标。

《祖鲁法则》与《超越祖鲁法则》正是吉姆·斯莱特的著作,深入介绍了PEG的内涵与要点。但由于彼得·林奇的投资业绩过于传奇,名气更大,将这一理论充分发扬,导致很多投资者容易将PEG与彼得·林奇产生联想。

例如伊利股份市盈率20倍,那么净利润增长率是20%才匹配;PEG=市盈率20/(未来3~5年净利润增长率20%×100)=1(勉强理想的投资机会,但还不够吸引人)。

如果伊利股份市盈率是40倍,净利润增长率是20%,则

PEG=2，那么绝对不会是投资机会，反而是巨大的风险，估值太贵了。如果伊利股份的市盈率是20倍，净利润增长率是40%，则PEG=0.5，意味着非常难得的投资机会，足够吸引投资者。

宋城演艺PEG=市盈率26/（未来3~5年净利润增长率20%×100）=1.3，似乎并不是那么吸引人；当未来3~5年净利润增长率30%时PEG为0.86才具备吸引力，宋城演艺能否达到30%净利润增长率，我不知道，所以我为之留出了仓位，详见后章。

十一、约翰·聂夫总报酬率估值法

如果将PEG估值法反过来，则是《约翰·聂夫的成功投资》中，约翰·聂夫所给出的市盈率与预期净利润增长率之间的关系，其反映出的是总报酬率。不过这则公式中加入了股息率，即（预期净利润增长率+股息率）×100/市盈率=总报酬率；总报酬率只有大于0.7，才算符合约翰·聂夫温莎基金的传统选股标准。

宋城演艺：（预期净利润增长率20%+股息率0.5%）×100/市盈率26=总报酬率0.78，勉强符合约翰·聂夫的选股标准；这一数值越大越好，我们甚至要寻找总报酬率达两倍甚至三倍的上市公司。

至于为什么宋城演艺在总报酬率0.78就开始买入，是因为

第四章 有效估值法：价值不仅仅是数字

尊重市场给出的估值线，以及仓位面的操作方式。

至此共介绍了七种具体估值方法，要相互比较使用，不能单一使用。无论是市盈率估值法、市净率估值法、股息率估值法、邓普顿估值法、PEG估值法与总报酬率估值法，重点都在于对未来的5~10年业绩的预判，这是所有投资者要面对的投资难点。

就算买入了低估值的上市公司，股价也不会马上就上涨，甚至还会下跌；就算历来高股息率的上市公司，如果营收下降，那么股息率也会大概率下滑，因为上市公司不赚钱的话，是不会有资金进行高分红的。

投资者对于业绩的预判只能通过分析判断上市公司所在行业的天花板、上市公司的竞争力与护城河以及历史的经营业绩情况来进行。所以一定一定要选择行业发展前景广阔、历史业绩增长稳定的上市公司。

无论如何，投资者要谨慎地甄别选股，买入低市盈率、净利润增速远远大于市盈率的上市公司，那些净利润增长率是市盈率两倍甚至三倍的上市公司，才更加具备吸引力。

低市盈率意味着市场对于该公司未来业绩的悲观预期，市盈率越低越悲观，悲观才是安全的，而乐观预期一旦达不到，市场将会进行报复性下杀。

十二、 一张简单有效的估值表

　　有一种人为操作的量化投资方法，投资者在操作软件上一键批量买入股票，一键批量卖出股票，注重择股与择时；但择股应批量买入么？是批发商品么？择时更是有趣，就如同可以预判出股票的短期波动似的。

　　还有一种智能量化投资，是结合数据程序化买卖股票获取收益的方式。量化投资包括量化选股、量化择时、股指期货套利、商品期货套利、统计套利、算法交易、资产配置、风险控制等。

　　听起来"高大上"，有人说赚钱，有人说不赚钱，我个人始终保持怀疑态度。

　　人工智能 AlphaGo 打败了世界顶尖围棋高手李世石，此后人们如同看到了一丝曙光，2017 年 10 月 18 日，人工智能进军股市，美股出现了应用人工智能进行投资的 ETF 基金。

　　它全年 24 小时不需要休息，始终在分析 6000 只美国上市交易股票，每天分析上百万条上市公司相关的公告、财报、新闻等文件，利用各种量化模型选股。与下围棋相同，处理的数据越多，投资能力就会越强大。

　　10 月 18 日至 11 月 22 日，26 天的时间，这只人工智能的基金下跌 0.32%，跑输指数，在此期间指数是上涨的。虽然 26 天的时间太短，还不能够说明什么，且人工智能始终在进步，但我并不认为量化投资真的会带来收益。

第四章 有效估值法：价值不仅仅是数字

如今金融公司纷纷开始裁员，数据方面的工作几乎通通由人工智能来进行——不需要休息，没有情绪，还不要工资。的确，人工智能天生存在优势，不需要面对情绪，通过大数据分析整理信息与资料。但人工智能果真具备投资优势么？也仅仅是起到辅助作用，最终决策的是人。

投资者更不必担忧人工智能对于市场的冲击，就如同不必担忧每次熊市降临如同世界末日一般。

股市是所有参与者情绪与资金的碰撞。投资是一门艺术，没有标准。通过编写一套程序，就可以赚钱？怎么会有如此简单的事情，那大家都不要投资了，购买一套程序就好了。

投资越简单越好，可以简单到在熊市大笔买入、牛市大笔卖出，如此操作，便可以轻而易举获利，无须过于复杂。

不过投资者倒是可以凭借数据做出估值表，从而应对面对相差无几的数据，不知该如何抉择的难题。

选择行业，再选出行业中的上市公司，通过市净率估值法、市盈率估值法、股息率估值法、邓普顿估值法、PEG 估值法以及总报酬率估值法对于股票进行估值，再结合一些重要指标数据进行综合打分，一张估值表也就成型了。

根据得分情况，在低估值区域大胆买进，在高估值区域一定要卖出，不断滚动操作。

例如对于银行股，乍一看数据相差无几，估值表的作用便体现了出来。将五家国有银行、八家股份制银行的相关数据选出；除市净率、市盈率、股息率，由于银行业的特殊性，要加入息差、准备金率、不良率这三项指标,共六项指标。我们先了解一下银行业的息差、准备金率、不良率。

1. 息差。

银行的盈利模式是典型的低买高卖,就是以低利率从储户那里把资金吸收过来,再以较高的利率进行放贷。所以息差越高,盈利越多。

2. 准备金率。

银行收来的钱并不是可以全部拿出来动用的,为了保护银行的安全经营、保证客户的提款,银行要交给央行一部分作为准备金,这一部分是不可以用的。央行是所有银行的最终端借款人,通过准备金调节市场货币供给。

所以说,银行收来的资金,要去掉给央行的那一部分,剩下的才是实际可以用来做买卖的。而交给央行的比例越高,银行的资金就越是雄厚。

3. 不良率。

不良率对于银行来说十分重要,是银行经营的最大风险。试想银行左手吸收储户的存款,右手放贷,中间赚取的息差不过2%~3%。如果一笔坏账发生,一分钱也没有收回来,那么这笔放贷的金额将会完全损失。一笔没有收回的坏账,损失比例就是100%,几乎等于50笔的贷款收益啊。

所以银行的不良率相当重要,如果一家银行的息差为1%,不良率为1%,那么这一年的利润为零。

如果哪家银行的息差不能高于不良率,那就直接剔除掉吧。

第四章 有效估值法：价值不仅仅是数字

将市净率从低到高排名，第一名1分，第二名2分，以此类推；市净率超过1.5倍直接剔除。

将市盈率从低到高排名，第一名1分，第二名2分，以此类推；市盈率超过15倍直接剔除。

将股息率从高到低排名，第一名1分，第二名2分，以此类推。

将息差从高到低排名，第一名1分，第二名2分，以此类推。

将不良率从低到高排名，第一名1分，第二名2分，以此类推；不良率超过2%直接剔除。

将准备金率从高到低排名，第一名1分，第二名2分，以此类推。

将每只股票的分数相加，总分最少的排第1名，以此类推。

该表格每季度更新一次，选择最优秀的排名靠前的进行投资。该表同时还有一个好处，可以很轻松地发现投资标的每季度的变化情况（见表4-1）。

其他行业同理，若无特殊专项指标，加入定量分析章节中的数据指标结合估值法进行综合打分。

表 4-1 银行业估值表

行业	备注	名称	当前价	准备金率	得分	息差	得分	不良率	得分	TTM市盈率	得分	市净率	得分	股息率	得分	得分统计	排名
银行	破净	工商银行	5.44	173.00%	6	2.30%	4	1.54%	5	6.61	9	0.97	10	4.46	3	34	7
银行	破净	农业银行	3.63	248.00%	2	2.35%	2	1.62%	7	6.35	7	0.86	9	4.82	1	27	2
银行	破净	中国银行	3.55	164.00%	8	1.88%	7	1.43%	1	5.88	5	0.76	5	4.55	2	26	1
银行		建设银行	6.88	193.00%	4	2.34%	3	1.48%	2	6.85	10	1.01	11	4.4	5	30	4
银行	破净	交通银行	5.62	170.00%	7	1.41%	12	1.49%	3	5.80	4	0.72	3	4.41	4	29	3
银行	破净	兴业银行	15.08	209.00%	3	1.78%	9	1.59%	6	5.29	3	0.77	6	3.71	6	27	2
银行	破净	光大银行	3.73	173.00%	6	1.63%	11	1.51%	4	5.99	6	0.75	4	2.43	9	31	5
银行	破净	民生银行	5.97	162.00%	9	1.64%	10	1.72%	9	5.09	2	0.68	2	1.45	12	32	6
银行	破净	中信银行	5.97	151.00%	11	1.89%	6	1.80%	11	6.60	8	0.8	7	3.03	8	43	9
银行	破净	平安银行	10.13	175.00%	5	2.26%	5	1.68%	8	7.25	11	0.84	8	1.46	11	37	8
银行	破净	华夏银行	7.75	158.00%	10	1.86%	8	1.77%	10	4.96	1	0.64	1	1.64	10	30	4
银行		招商银行	28.29	316.00%	1	2.54%	1	1.43%	1	9.43	12	1.6	12	3.37	7	27	2
银行	破净	浦发银行	10.33	146.00%		1.77%		2.06%		5.55		0.74		1.33		0	

第五章 管理仓位：价值投资重要策略

一、至关重要：第一仓位原则

　　到了这里，我们终于走到了仓位面的管理章节！

　　投资和赌博最大的区别是正确概率的最大化，投资者的资金是非常珍贵的，那是盈利的筹码！仓位面的管理非常重要，甚至不输于基本面与估值面，可以上升到投资最高战略！

　　这并非夸大其词，很多投资者认为只要成为一名出色的选股者，成功选择出好股票，遵循巴菲特"在别人贪婪时恐惧，在别人恐惧时贪婪"这一原则，便可以获得收益。所以他们往往倾向于重仓或者满仓单只个股，这是十分危险投资方式。

　　巴菲特有一句经典言论：将所有的鸡蛋放在一个篮子里。这句话被充分地断章取义，误导了很多投资者；曾经作为股市"韭菜"，我也差点着了道。

　　其实巴菲特的原意是：将所有的鸡蛋放在一个篮子里，然后看好这个篮子。有谁见过巴菲特完全满仓一只股票么？

　　巴菲特也有失败的投资案例，更何况是普通投资者；投资股市买入股票，追求的是正确的概率最大化，但没有100%的正确，黑天鹅事件永远存在。投资者永远也不会知道下一秒会发生什么。

　　当下的时代变化飞速，打败康师傅的，不是同行今麦郎，而是外卖；打败口香糖的，不是同行益达，而是微信与王者荣耀，这是谁能想到的呢？所以仓位管理需要极高度重视，深度

第五章 管理仓位：价值投资重要策略

管理。

我个人对于仓位的管理有一条铁律，无论是多么深入研究的低估值好股票，无论有多么的确认与看好，最多可买入两成仓位，极限不会超过三成。

将仓位分散在不同行业中的好企业，可以最大限度地避免黑天鹅事件。

如果乳制品行业黑天鹅了，我调动白酒的仓位买入或加仓；如果白酒沦陷了，我调动银行的仓位买入或者加仓，如果金融类的股票崩了，我会调动医药行业的仓位买入或者加仓。永远都在主动操作，而非被动等待！对于仓位的配置，要有规划。

仓位的调动是需要面对人性的，略有困难，所以更要规划，严格执行。克服这个难点，投资股市盈利也就不再困难了。

巴菲特一生 60 多年的投资经历中，创造了高达 20% 左右的年复合增长率；但他在牛市表现平平，在熊市中更为出色。

1967 年美股牛市，标普 500 指数涨幅 30% 左右，巴菲特的投资收益率 11.0%；

1975 年美股牛市，标普 500 指数涨幅 37% 左右，巴菲特的投资收益率 21.9%；

1999 年美股牛市，标普 500 指数涨幅 21% 左右，巴菲特的投资收益率 0.5%。

为什么巴菲特会在牛市中跑输指数呢？虽然巴菲特最喜欢的投资方式是长期持有，最期望持有股票的时间是永远，但估值高了，不得不减仓，这就是仓位配置。

我们在看巴菲特在熊市时的表现：

1974年美股熊市，标普500指数跌幅26%左右，巴菲特的投资收益率达到5.5%；

2002年美股熊市，标普500指数跌幅22%左右，巴菲特的投资收益率达到了10%；

2008年美股熊市，标普500指数跌幅37%左右，巴菲特亏损9.6%，远低于指数。

这是因为在熊市时，巴菲特有在牛市中减仓的资金加仓，这同样是仓位配置。

虽然巴菲特所管理的伯克希尔·哈撒韦拥有着浮存金与旗下优质资金所提供的源源不断的自由现金流，但巴菲特永远没有满仓过。如果不进行仓位配置，无论多么大的资金量，都经不起折腾。

牛市该恐惧，所以减仓，熊市该贪婪，所以加仓。加仓就用牛市减下来的资金，如此轮转。这是巴菲特投资的关键所在，永远有仓位，轻易不挥棒，永远有资金在等待着最佳的投资机会。如此，投资方可长久。

二、海枯石烂：趋势与热点是等来的

一只股票想要获取足够的安全利润空间，买入的时机很重要，买入的估值越低，上涨的空间越大。

熊市中大多数的股票都是低估值的，才会有牛市的巨大涨幅。在熊市中，遍地便宜货，也正因如此，投资者才要精选，在便宜货中找到好货。

在此期间，重要的是等待。

很多投资者喜欢追逐趋势、热点，但其实这些是追不来的。每一次的股灾后，都是很好的投资时机，选择低估值的好股票，越跌越买。有人说那不对，投资要看趋势，在趋势向上的时候入市投资，任何人也不能逆着趋势来。

我想请问，趋势有谁能把握得住么？热点同样如此，且轮动的速度更快，更加把握不住。我永远也不会知道下一个风口在哪里，什么时候会出现利好与利空消息。在如今信息如潮水般爆发的时代，每天的股市新闻各种热点层出不穷。真要细数，A股每年都不缺少热点，全世界的股市同样如此。

1993年有浦东概念、1997年有香港回归概念、2008年有奥运概念、2013年有自贸区概念、2015年有一带一路概念、2017年有雄安概念、2018年有区块链概念、5G概念等。无论是何种概念，都是短暂的，如同流星划过天际，很快就熄火了。追高的投资者损失惨重！而具备持久业绩成长的优秀上市公司，根本无须炒作，也不需要趋势，股价一路长牛。

在熊市期间，这些优秀的个股却在上涨，因为股灾时它们的估值还不算高，最好的趋势，是估值。

低估值买入就是趋势，高估值卖出还是趋势；趋势更不是抓住的，而是等来的。低估值买入还是会跌，高估值卖出还是会涨，等待估值才是最好的选择。

投资者可以运用仓位技巧，以低估值的价格买入好行业中的好企业，分散仓位，布局所看好的多个行业中的低估值好企业。

我最倾向于金融领域与大消费领域，我将总仓位大约分成10份左右，等于每只股票平均一成仓位，最看重的就略微重仓位，次之仓位略微轻一些。最坏的情况，如果其中一只股票全军覆没，也不会受到太大的冲击，更何况只要用心选股，某只股票想要全军覆没，难于上青天。

仓位分散，投资者的操作会更加主动，例如当大消费股票高估值时，那就减仓，加仓至低估值的金融行业股票，自然形成一种轮动效应。

三、鱼与熊掌：左侧交易与右侧交易

在真正进行投资决策时，交易股票是复杂的，总是有这样那样的问题：低估值买入，还是会跌，高估值卖出，还是会涨。这并不奇怪，而是一种常态。

反过来想，如果低估值买入就会上涨，高估值卖出就会下跌，那便不是估值，而是技术分析了。估值因为并不神奇，所以有效。

股票 U 形走势，越跌越买，是左侧交易，但很多投资者倒在了承受不住跌幅的心态中，人性总是厌恶亏损，哪怕是浮亏也难以忍受这种看似的"糟糕"。

越涨越买，是右侧交易，很多投资者会因为忍受不住浮亏的心态,干脆退一步,也就是所谓的趋势确认,择时进场。往往当一只股票涨幅20%以上,图形似乎是上涨趋势时,恰好是一个反弹的高点,买入后股价下跌,割肉走人,反反复复,这不是投资,而是在投机。

我们简单举例近几年的一则典型案例:2016年1月至2018年1月,两年的时间,市场走出了一轮漂亮的二八行情,低估值绩优股大涨。上证指数从最低2638点至最高3587点,涨幅为36%左右。

如此漂亮的走势,很多投资者认为"牛市趋势"已经到来了,纷纷买入股票。但2018年1月29日,上证指数忽然调头向下,自3587高点下跌至2018年年末,跌幅为30%左右。

如果投资者在2016年1月2638点买入,在2018年1月3587点卖出,在2018年10月2449点继续买入,两年半多的时间,单单在指数上;36%的涨幅+30%的跌幅,便赚取了66%左右的利润。

显然,没有投资者可以做得到。

2001年至2011年,贵州茅台的净利润上涨27倍,股价上涨27倍;五粮液净利润上涨8倍,股价上涨8倍。这仅仅是一种统计数据,没有投资者可以在2001年茅台的低位精准买入,2011年高位精准卖出,所谓的十年上涨27倍,仅仅是一种说辞罢了,没有任何投资者可以如此精准交易。

U形走势,是左侧交易还是右侧交易,越跌越买还是越涨越买?作为一名风险厌恶投资者,我喜欢前者。

格雷厄姆强调安全边际，巴菲特反复强调投资首要保证不亏钱原则，投资者赚取利润买得越低越安全。

总有投资者想在左右中间的底部买入，大都失败了，或许还有极少数的幸运儿成功了。可我并非幸运儿，只想保证左侧交易最大限度地买到低位，不凭借运气，而是凭借仓位的管理。

四、耐心等待：不见兔子不撒鹰

诚如格雷厄姆所言：就理性投资而言，精神态度比技巧更为重要，这或许是对于我的投资影响最为深远的两句话之一了。

仓位的管理方法同样需要遵循这一原则，精神态度的重要性如何强调都是不为过的，市场中90%的投资者都倒在了态度中。股票无非涨涨跌跌，股价的最高点与最低点是不存在的。

什么是低，什么是高？那仅仅是一种忽悠人的假象罢了，股评家们如果如此神奇，早已关上大门偷偷地赚钱了。当投资者明确这一点，抛掉抄底逃顶这种不切实际的方法，并且付诸行动时，那么缺少的仅仅是方法了。

交易股票遵循着与熊市牛市相反的原则，熊市逐步买入，牛市逐步卖出，逆向操作。问题点在于，熊市买入，还会跌，牛市卖出，还会涨，投资者要不断忍受煎熬。

很多投资者依靠大盘来判断股票交易，实际上，大盘指数是所有股市中的资金与情绪的碰撞，无法把握。大盘在低位时，有些股票已经企稳开始上涨，有些股票还要再跌很长一段路。投资者还是要把握个股。

那么有没有一种仓位方法，让激进的投资者可以避免随意重仓，有更多的买入低估值机会；让保守的投资者可以做到永远不满仓，永远有加仓的资金；熊市可以有资金越跌越买，牛市将会享受到高估值的泡沫盈利？

这是可以做到的，但有一个前提：耐心等待每一次交易时点的出现。交易股票没有标准，那就为自己制定交易标准，以足够的耐心等待每一次的机会。

五、气吞山河：投资要大气

要承认，我没有那种依靠运气赚钱的"好命"，投资多年，我每一次的交易，买入股票后通常会跌，卖出后也通常会涨。哪怕是在低估值买入的还是会跌，是在高估值卖出的还是会涨，这曾一度令我非常痛苦。为了改变这种尴尬的局面，痛定思痛，我总结出了仓位面的管理办法。直言不讳地说，亲测有效。

如图5-1所示，宋城演艺自2010年上市至今，市净率最高28倍，这过分疯狂了，投资者不要理会。在2015年牛市巅峰，市净率高达15倍，最低为2012年2.11倍，2018年8月26日为4.4倍。

由于宋城演艺是轻资产型上市公司，市净率作为辅助估值法，4.4倍市净率是可以进行建仓买入的低估值区间。

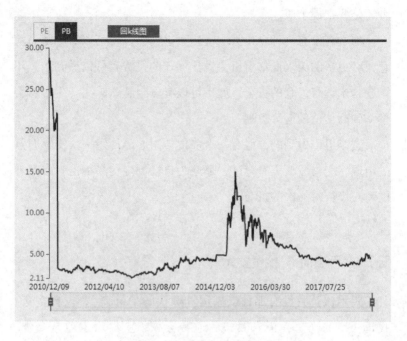

图 5-1 宋城演艺历史市净率

如图 5-2 所示,宋城演艺自 2010 年上市至今,市盈率最高 126 倍,最低为 2012 年 11 月份的 24 倍,截至 2018 年 8 月 26 日为 28 倍。我们在 30 倍市盈率位置,就可以画出一条合理估值线。

我作为保守投资者,为宋城演艺画出了多条估值线,这将成为操作策略。

在宋城演艺 30 倍滚动市盈率位置,画一条合理估值线,这也是一条分界线。

在宋城演艺 26 倍滚动市盈率位置,画一条偏低估值线;我

第五章 管理仓位：价值投资重要策略

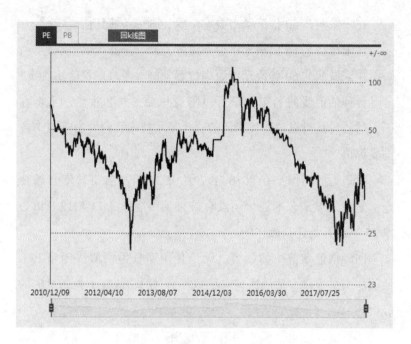

图 5-2 宋城演艺历史市盈率

在此建仓操作。

在宋城演艺 22 倍滚动市盈率位置，画一条低估值线。

在宋城演艺 18 倍滚动市盈率位置，画一条超低估值线。

在宋城演艺 14 倍滚动市盈率位置，画一条极低估值线。

在宋城演艺 10 倍滚动市盈率位置，画一条不可思议低估值线。

在宋城演艺 35 倍滚动市盈率位置，画一条偏高估值线。

在宋城演艺 40 倍滚动市盈率位置，画一条高估值线。

在宋城演艺 45 倍滚动市盈率位置，画一条泡沫估值线。

在宋城演艺 50 倍滚动市盈率位置，画一条疯狂估值线。

在宋城演艺 55 倍滚动市盈率位置，画一条狂奔估值线。

在宋城演艺 60 倍滚动市盈率位置，画一条难以置信估值线。

各种估值线的名字大家可以随意想象，并非重点。重点在于，估值线是可以替代技术线的，代替了技术线的"心理阻力位与支撑位"。

我最近的操作是在 2018 年 7 月份 26 倍左右市盈率开始建仓，是在宋城演艺的股价还没有被打到市净率 2.11 倍以及市盈率 25 倍时开始建仓操作的。

回顾估值章节中的内容，无论是用邓普顿估值法还是 PEG 估值法与总报酬率估值法，宋城演艺当时的估值并不具备足够的吸引力。

不可否认的是，宋城演艺在 26 倍市盈率或许还会下跌，或许跌到历史最低点的 24 倍市盈率还会继续下跌，在股市中，没有什么是不可能发生的。

或许会有投资者抱有疑问，那为什么不再等一等，等估值更低时再买入？但是我等不及了，主要是怕踏空，在低估值的市场，面对低估值的股票，最该担忧的就是踏空，而非其他，投资要大气。

根据估值线可以明确地判断出，当前宋城演艺已经是低估值的了，下跌，是有限的；上涨，是无限的。

我尊重市场的预期，A 股市场对于中小市值的优秀上市公司，更乐于给出较高的估值。我认为足够长周期的估值线意味着市场的预期,宋城演艺八年的时间最低市盈率在24倍,基本面并没有发生变化,反而公司经营积极向好,我没有理由在26倍市盈率时继续看空,虽然对于20倍市盈率以上的股票我始终抱有谨慎态度。

问题在于我所发现的估值线与其他估值法出现了一些分歧。在26倍市盈率买入宋城演艺,如果以打折的净利润增速计算,并不符合邓普顿估值法。实际上无论是哪种情况,我都不能避免买入后还会下跌的局面。所以我给宋城演艺设置的是总仓位中的1成仓位,在26倍市盈率建仓0.4成仓位,设定了四级加仓位置。其实对于10倍左右市盈率的股票,我往往设置三级加仓位置。

在基本面没有向坏的一面变化的前提下,跌到22倍市盈率,加仓0.2成;跌到18倍市盈率,加仓0.2成;跌到14倍市盈率,加仓0.2成,开启越跌越买模式。

越跌越买,持有更加低廉的筹码,跌得更多意味着更加安全的上涨空间,下跌的空间便是上涨的空间,会涨回来的。越跌越买,更可以有效地减少持仓成本。

我们做一个简单的成本计算(不含佣金等交易费用)。

通过滚动市盈率计算公式,我们可以得知,宋城演艺最近四个季度净利润总和12.09亿元/总股本14.5亿元=滚动每股收益0.83元;每股现价22元/滚动每股收益0.83元=26倍滚动市盈率。

每股现价18.5元对应22倍滚动市盈率;每股现价15元对

应 18 倍滚动市盈率；每股现价 12 元对应 14 倍滚动市盈率；每股现价 8.5 元对应 10 倍滚动市盈率。

按照计划，给予宋城演艺总仓位中的 1 成仓位，为了方便举例，我们按总仓位 1 成等于宋城演艺约 10000 股计算：26 倍滚动市盈率对应每股 22 元，建仓 0.4 成约 4000 股，不计算交易成本，每股成本 22 元。

股价跌至 22 倍滚动市盈率对应每股现价 18.5 元，此时低估值，加仓 0.2 成约 2000 股，等于每股成本 20.83 元，共计 6000 股。

股价跌至 18 倍滚动市盈率对应每股现价 15 元，此时超低估值，加仓 0.2 成约 2000 股，等于每股成本 19.38 元，共计 8000 股。

股价跌至 14 倍滚动市盈率对应每股现价 12 元，此时极低估值，加仓 0.2 成约 2000 股，等于每股成本 17.90 元，共计 10000 股。

通过简单的四舍五入计算（不包含交易成本），越跌越买，持股成本不断下降。实际上我个人认为宋城演艺跌破 26 倍滚动市盈率，跌至 22 倍市盈率左右就已经非常难得了。在 26 倍市盈率我很难有不建仓的理由，但还是要留出预留仓位，防备一切突发事件。

通过深度（包括基本面/财务面）分析宋城演艺得知这是一家优秀的上市公司，在合理偏低估值处我喜欢试探性建仓，还是因为无论如何我不知道宋城演艺在 26 倍滚动市盈率处是否还会继续下跌。所以我买入占着位置，也可以避免"三心二意"。

如果跌到 10 倍市盈率，为宋城演艺留出的 1 成总仓位已经消耗完毕，该怎么办？

市场对于宋城演艺的估值预期，14 倍市盈率都是苛刻的，难以跌到的；如果真的跌到了 10 倍市盈率，别忘了，对于每一只股票，都是如此设置分级加仓点位，并非每只股票的分级加仓点位都会消耗完毕；以及，后文中所提及的坚实后盾，银行！

这四级，就是投资纪律！虽然，这是很难跌到的四级，但在股市中，一切都有可能发生。

其实在内心深处，我并不希望买入就涨，而是希望宋城演艺下跌，从而给我更便宜的买入机会。但我不知道在 26 倍市盈率买入后，宋城演艺是跌是涨，所以初次建 0.4 成仓位，为宋城演艺留下 0.6 成仓位，这样如果买入宋城演艺后继续下跌，基本面没有变化，那就按照纪律加仓。

日后给不给加仓机会，全看宋城演艺，总之不到 22 倍市盈率，很难有考虑加仓的理由。如果在 26 倍市盈率买入宋城演艺，没有加仓机会，股价走势反转，则不予理会。在此期间所有选中的个股，都以此方式进行。宋城演艺不给机会，那么其他个股会给机会。这也是分散投资的优势之一，灵活投资，主动应对。

六、负数成本：永远都在牌桌上

如果宋城演艺的股价早于中国平安启动，涨到高位，又该如何减仓？可能有投资者会问：价值投资，不就是买入低估值的好股票，越低越买，长期持有，与优秀的上市公司共同成长，为什么要减仓？其实这存在着一种误区。

价值投资，就是买入低估值的上市公司，长期持有，但这个长期持有并不是永远。估值高了，也就没有理由再持有了，卖掉就是。股神持有的股票估值高了，也会卖掉。

作为普通投资者，买入股票是要赚钱的，是要套利的。长线价值投资，本质上也是低买高卖、赚取差价，最终是要卖出的，其实这是所有社会商业盈利的本质。

生产产品的企业，买来原材料以及半成品、引进工艺，制作出成熟的产品后卖出，有买有卖，难道不是赚取差价么？银行左手收取储户的资金，付出低利率的代价，等于以低价买入资金；右手放贷给需求者，等同于高价卖出，还是在赚取差价。

价值投资亦是如此，不过相比于短线投资者，是在更长的周期赚钱更大的差价，更加安全可靠。况且与巴菲特相比，普通投资者的资金量无法控制上市公司，也就无法获取上市公司旗下源源不绝的自由现金流，这增加了买卖的重要性。

但是有一个问题几乎困扰着所有投资者，卖掉股票之后还会继续上涨该怎么办？有没有一种可能，可以卖得精确一些，卖在相对应的高价，享受到疯狂的高估值泡沫？

可投资者不会知道最后的牛市会疯狂到哪里，会涨到多高。所以，我完善了个人投资体系中的仓位管理面，做到了永远有资金加仓，永远可以吃到疯狂的估值泡沫，在保证资金落袋为安的同时，时刻有仓位准备着，可进可退。投资，永远都不要离场，永远都在股市中，都在牌桌上！

在这里插入一个小话题，永远都在牌桌上这种仓位管理的灵感竟然来源于赌场。

众所周知，在赌场中进行赌博，短期可能会赢，但是长期一定会输。不要认为是赌场的庄家在出老千，大赌场是从来不干这种事情的，因为完全没有必要。

赌博，讲究的同样是概率，大赌场的体量足够大，能实现概率，所以一定能赢。我们就赌最简单与最不需要技巧的。

猜硬币！

这其中有一个错误的认知，如果这枚硬币连续99次都是正面，那么下一次，或许会有很多人认为有很大的概率是反面。但其实，下一次还是五五开的概率。无论猜了多少次，每一次硬币的正反面概率，也都是50%。也就是说，赌徒与庄家无论如何对赌，双方的赢面都是50%。

但庄家的体量太大了，有足够的资金，可以永远和赌徒对赌，可以永远不下牌桌。赌徒的胜率在50%，可只要赌徒在盈利后没有退场，继续与庄家对赌，就永远有输的可能，输光了就必须下牌桌。庄家可以永远都不下牌桌，永远有赢回来的机会。也就是说，赌场都在追求概率！但股市不是赌场，股市中的投资者更要追求最大的正确概率。

庄家最终胜利的关键在于：永远不会下场，永远有资金在牌桌上。作为普通投资者，虽然没有庄家那样大的体量，但同样有机会可以永远不下牌桌。

普通投资者想要永远留在牌桌上,还是要看估值线。

在宋城演艺30倍滚动市盈率,画一条合理估值线。

在宋城演艺35倍滚动市盈率,画一条偏高估值线;

在宋城演艺40倍滚动市盈率,画一条高估值线;

在宋城演艺45倍滚动市盈率,画一条泡沫估值线;

在宋城演艺50倍滚动市盈率,画一条疯狂估值线;

在宋城演艺55倍滚动市盈率,画一条狂奔估值线;

在宋城演艺60倍滚动市盈率,画一条难以置信估值线。

如果在22元每股价格对应26倍市盈率时建仓0.4成仓位,按照4000股计算,或许有可能跌至22倍滚动市盈率对应每股现价18.5元,此时低估值,加仓0.2成约2000股,等于每股成本20.83元,共计6000股。

如果此刻股价启动,再无加仓机会。下面我们还是做一道简单的成本计算(不含佣金等交易费用)。

通过滚动市盈率(TTM市盈率)计算公式,我们可以得知,宋城演艺最近四个季度净利润总和12.09亿元/总股本14.5亿元=滚动每股收益0.83元;每股现价29元/滚动每股收益0.83元=35倍滚动市盈率。

每股现价33.5元对应40倍滚动市盈率;

每股现价38元对应45倍滚动市盈率;

每股现价42元对应50倍滚动市盈率;

每股现价46元对应55倍滚动市盈率;

第五章 管理仓位：价值投资重要策略

每股现价 50 元对应 60 倍滚动市盈率；

每股现价 54.5 元对应 65 倍滚动市盈率；

每股现价 59 元对应 70 倍滚动市盈率；

每股现价 63 元对应 75 倍滚动市盈率。

当宋城演艺涨到 35 倍滚动市盈率，开始减仓操作，因为 30 倍是合理估值线。我总是喜欢看着低于市场价的持仓成本，心中踏实。

按照纪律操作，22 倍滚动市盈率已经有 6000 股仓位，不计算交易成本的话每股成本 20.83 元。

以宋城演艺当前的盈利能力计算，股价上涨至 35 倍滚动市盈率对应每股现价 29 元，此时估值偏高，减仓宋城演艺 6000 股仓位中的 2 成约 1200 股，剩余 4800 股，每股成本 18.79 元。

宋城演艺不到 35 倍滚动市盈率便没有减仓的必要。如果减仓后，回落到 30 倍市盈率，在基本面没有向坏方向变化的前提下，将仓位加回来。可以用减仓后没有用掉的仓位，可以用其他个股涨到估值线后减下的仓位。

股价上涨至 40 倍滚动市盈率对应每股现价 33.5 元，此时为高估值，在剩余 4800 股仓位中减仓 3 成约 1500 股，剩余 3300 股，每股成本 12.1 元。

股价上涨至 45 倍滚动市盈率对应每股现价 38 元，因为此时为泡沫估值，那就多减仓，在剩余 3300 股中减仓 4 成约 1300 股，剩余 2000 股，每股成本 –4.74 元。

注意，此时的持仓已经是负数成本，几乎可以任意折腾，高枕无忧了。

享受到了股价高估值带来的浮盈，该股再怎么跌、再怎么折腾，投资者也不必担忧什么了。因为持股成本已经是负数了。哪怕股灾降临，哪怕宋城演艺的股价跌到0元，投资者还是有剩余2000股×4.74元=9480元利润。

当然，作为理性投资者，最好还是不要随意折腾，理性投资，严守操作纪律，慢慢减仓。

股价上涨至50倍滚动市盈率对应每股现价42元，此时为疯狂估值，但由于持仓成本已经是负数，不会再发生亏损了。在剩余2000股仓位中减仓2成约400股，剩余1600股，每股成本–16.43元。

就算宋城演艺的股价跌到0元，投资者还是有剩余1600股×16.63元=26608元利润。

股价上涨至55倍滚动市盈率对应每股现价46元，此时已到狂奔估值，在剩余1600股仓位中减仓2成约300股，剩余1300股，每股成本–30.84元。就算宋城演艺的股价跌到0元，投资者还是有剩余1300股×30.84元=40092元利润。

股价上涨至60倍滚动市盈率对应每股现价50元，此时已到难以置信估值，在剩余1300股仓位中减仓2成约300股，剩余1000股，每股成本–55元。就算宋城演艺的股价跌到0元，投资者还是有剩余1000股×55元=55000元利润。

股价上涨至65倍滚动市盈率对应每股现价54.5元，此时的估值已经很难用语言形容与表达，在剩余1000股仓位中减仓2

成约200股，剩余800股，每股成本－82.49元。就算宋城演艺的股价跌到0元，投资者还是有剩余800股×82.49元＝65992元利润。

股价上涨至70倍滚动市盈率对应每股现价59元，在剩余800股仓位中减仓2成约200股，剩余600股，每股成本－129.65元。就算宋城演艺的股价跌到0元，投资者还是有剩余600股×129.65元＝77790元利润。

股价上涨至75倍滚动市盈率对应每股现价63元，在剩余600股仓位中减仓2成约200股，剩余400股，每股成本－225.98元。就算宋城演艺的股价跌到0元，投资者还是有剩余400股×225.95元＝90398元利润。

一定会有投资者疑惑，为什么不等到65倍滚动市盈率甚至75倍滚动市盈率才开始减仓或者清仓呢？答案很简单，因为我也不知道牛市最终的疯狂会进行到哪里，就如同我不能买在牛市的启动点，卖在牛市的顶点。投资，靠天吃饭，依据估值操作，有收成，就减仓，气候到了，就播种。

或许，宋城演艺会在40倍滚动市盈率或者50倍滚动市盈率见顶。但是，在牛市，没有什么是不可能发生的，上证指数曾经疯狂涨至70倍滚动市盈率，创业板指数甚至疯狂涨至130倍滚动市盈率。

如果投资者想要吃到牛市的疯狂泡沫估值，这种操作方式简单到难以置信，可真正操作起来，需要极强的执行纪律能力。很多投资者往往会忍不住早早地满仓，或早早地清仓。

具体的减仓估值线以及减仓数量,没有具体的公式,每位投资者可以依据自身的性格以及"盘感",自行制订操作计划,但一定不能脱离滚动市盈率的变化阶梯。

最终,牛市突然终止,市场中贪婪的情绪转为悲观,开启漫漫长熊。

我会留下底仓,毕竟成本已经是负数了,在宋城演艺的基本面没有变化的前提下,等回归合理估值滚动市盈率,再度开启加仓模式,如同一个轮回。此时的优势在于,有巨大的负数成本,在低估值区间甚至合理估值区间加仓,成本依旧是负数,心态可以很坦然地面对。

按照此种仓位管理方法,当投资者面对一只非常看好的股票时,可以在合理估值区间加仓。因为好股票往往很难打到低估值的价格,就算打到了,我们也有预备加仓位。投资要大气,不要在意短期的几个点的利润,对于好股票,要抓得住,拿得稳。

当然,当上证指数在 20~30 倍市盈率时,或者投资者们疯狂时,我会选择卖出大比例高估值的股票。往往疯狂时,我很难拿得住股票。

再或者,当我身边从来不买股票、对股市无比漠视的朋友开始热议股票,甚至打算买入股票时;当我发现证券公司热闹非凡,聚集了很多大爷和大妈时(如今年轻人中年人都在通过手机券商软件交易股票),以及股吧中出现狂热的兴奋时,我都会仔细审视股市的估值状态,做出大量的减仓操作。虽然这些情绪是无法进行量化的,但的确是非常值得重视的估值指标。

正是因为无法确认最终的牛市顶点，才有了这种逐步减仓的投资策略，永远可以吃到高估值的泡沫利润。

七、军令如山：严守仓位纪律

投资是以合理的价格买入好行业中的好企业，仅此而已。但投资者的最终利润取决于仓位的管理。交易股票是没有标准的，投资者便设立交易标准；这就是投资纪律，我们靠它经历贪婪与恐慌的洗礼，如何强调都不为过。

投资重点在于选股以及估值，熟悉后并不难，可依旧有众多投资者赚不到钱，在于缺乏执行力，没有按照纪律执行。进行价值投资，赚钱并不难，难在长期秉持着价值投资理念，难在克服人性。

当投资者选择进入股市的那一刻，不要想着可以盈利多少，要问自己，可以承受多少浮亏。如果不能承受个人账户50%的浮亏，那不是一位合格的投资者。

当买入的一只股票巨跌时，就会产生严重怀疑，有各种杂念：这只股票是不好的，是否需要清仓割肉，设定的买入仓位标准很难执行。

当买入的一只股票巨涨时，就会各种兴奋，哪怕超过了合理估值，进入了高估值，也舍不得卖掉哪怕一股，设定的卖出仓位标准早已抛在脑后。

这些我都曾经历过。

不过，当投资者经过市场残酷的洗礼，养成了适合自身的投资体系，就会趋于理性去对待。"不以跌为悲，不以涨为喜"可能是在吹牛，或许股神也希望自己买入的股票会立刻上涨，但既然投资，就要以正确的心态去面对。

就算投资者采用"投资要大气"的买入方式，以及"永远都在牌桌上"的减仓方式，短期依旧会有"失效"的时刻。

"投资要大气"这句话是我吃过很多亏后的总结，短期内会有偏差，尤其是所谓的"盘感"很模糊，我在2018年还犯过一次错误。

2018年1月30日，汤臣倍健因为重大收购事件（Life-space集团）停牌，收盘价16.6元，那时我的持仓成本大约在每股8元左右。汤臣倍健停牌了半年，在2018年7月31日复盘，由于停牌期间业绩大幅上涨，按照市盈率估值法估值随之降低。原本我认为汤臣倍健停牌了六个月的时间，散户被关了太久，开盘后存在踩踏的概率，于是计划在每股16.3元或15.8元位置少量加仓。开盘后是熟悉的低开，在最低价16.5元每股处瞬间拉升，涨停……在第二个交易日震荡上扬，再度涨停……因为贪图2毛钱的差价，我错失了20%的利润。

虽然在此之前便总结出了"投资要大气"，但知行合一需要不断磨炼，这一次不知道怎么了，被猪油蒙了心……

就如同每个人都知道什么是对的，什么是错的，但在做正确的事情时，往往需要极强的执行力，并不是说说就可以做到的。老司机也会犯错，更何况微小的差距更难把握，所以投资一定要大气。我买入股票的挂单价,经常要高于卖一的价格几分钱,生怕熟悉的往事再来一次……

不过长期来看,"投资要大气"这种买入方式与加仓方式只要没有错过,几乎都是买在低点位置。就在2018年9月17日,我还在宋城演艺每股19.5元对应大约22倍市盈率时加仓成功。

事后看,这个位置几乎就没有被打破,究竟能否被打破,再次迎来加仓机会,值得期待!

"永远都在牌桌上"同样如此,当然短期还是会犯错,下面还是举例错过汤臣倍健的一次机会。汤臣倍健在2018年1月份停牌时我在原计划设定每股22元减仓,"不巧"的是,由于业绩上涨,估值随之降低,我将减仓位提高至每股24元(依据估值变化的加仓位与减仓位是根据每个季度的业绩报告更新的)。在2018年11月8日,汤臣倍健最高价达每股21.98元,随后开始震荡,恰逢"无妄之灾",4+7城市药品集中采购与同行败类百亿权健事件,截至2018年最后一个交易日,收盘价16.99元,跌幅21%。

看似因为减仓价格的提高,我错失了21%的利润,但真的错了么?当然没有,业绩上涨,估值降低,减仓价的位置自然会随之上移。享受上市公司壮大的回报,是投资获利的重要部分。

按照纪律操作的逻辑没有错,在此期间,股价没有到达设置的目标价而回落,以及发生的黑天鹅事件,都是无法避免的。

结果上看，虽然我在汤臣倍健的操作中存在错误操作，有个人原因，有不可控原因，但我还是在这只股票上赚得非常多。8元左右的持仓成本，这是很难跌到的位置，我完全不必担忧股价下跌——那反而是更好的加仓机会。

"投资要大气"的买入方式与加仓方式，以及"永远都在牌桌上"的减仓方式都是在长期持有的前提下完成的，短期一定会有操作失误，但长期看一定是正确的操作。

投资只要时间的周期拉得足够长，在股价的波动中，任何小失误操作都不算什么，连一朵浪花都算不上。

汤臣倍健是我多年持有的股票之一，也曾经历过低估值时期，如果不运用加仓方式，最高浮亏大约在40%左右，熬走了太多的投资者。2018年12月份，因为权健保健品虚假宣传事件被爆料，引起关注，调查组进驻权健，保健品行业的产品安全以及营销问题也再度引发关注。汤臣倍健"躺枪"，再度大跌。

根据Euromonitor的统计，2017年中国保健品行业销售收入达2376亿元，同比增长8.4%。中国保健品市场的增长速度较快，2002—2017年行业销售收入的复合增速达到11.86%，预计2020年市场规模将有望达到3500亿元。

汤臣倍健创立于1995年，2002年将膳食营养补充剂引入中国非直销领域，并迅速成长为中国膳食营养补充剂领导品牌和标杆企业。并且汤臣倍健的基本面（财务面）非常优秀，是有业绩保障的。这种公司在发展成熟后，难有为业绩而做出虚假宣传事件的冲动,没有必要杀鸡取卵、自取灭亡。

汤臣倍健创始人梁允超董事长曾在中国早期的民营保健品企业太阳神任高管,是江苏市场、上海分公司负责人。

当年正值太阳神黄金岁月发展期,在 1993 年,太阳神的营业收入便高达 13 亿元,这是汤臣倍健创立八年后,在 2013 年才超越的数字。

梁允超董事长亲眼见证了太阳神的辉煌与衰落,由于广告以及功能宣传过于夸张,导致了整个保健品行业的信誉在那个时代崩塌。而这就发生在梁允超的创业初期,一直到梁允超将保健品这个名词变成了膳食营养补充剂的时候,才开始复苏。

保健品三个字是当今的汤臣倍健不愿意提起的,所以汤臣倍健一直都在宣称自己的做膳食营养补充剂的,而不是直接说明是保健品。

通过深入了解上市公司,具备深度"八卦"精神,才可以做出分析,正确判断出利空消息对于上市公司的影响。这也是我最为担忧的问题:读者的心态问题。哪怕读者完全掌握本书中的基本面(包含财务面)、估值面、仓位面知识,也不能保证买入股票后,在面对下跌时,面对短期的利空消息时,能够坦然面对。

下跌诛心,是每一位投资者都要去面对、去承受的。在股市中投资盈利,控制好心态,便已经成功了大半。

由于个人的心态与性格有关,我希望无论何种性格的投资者都要牢记,任何国家的股市都是为了看多而设立的,好公司不怕跌，只要有足够长的周期，迟早会涨上来的。投资赚钱一定需要长期进行，这是一场马拉松。

执行仓位管理的纪律，更需要耐心，不投资时同样是在投资。

第六章 安全边际：知道自己的边界在哪里

一、 穿过迷雾： 价值投资常见风险

1. 行业很重要。

截至 2018 年 1 月 16 日，世界上最贵的一只股票是巴菲特管理的伯克希尔·哈撒韦，A 类股价已经达到 31.5 万美元每股。

巴菲特生于 1930 年，自 1965 年开始管理伯克希尔，当时该公司是做纺织品业务，深陷泥潭苦苦挣扎，股价只有 11 美元，如果投资者自那时至今一直持有，股价已经上涨了 2.9 万倍。

但巴菲特曾言："我最愚蠢的一笔交易就是买下了伯克希尔·哈撒韦。"

1962 年，巴菲特的操作资金大约有 700 万美元，那时的伯克希尔还是一家老牌纺织企业。纺织业不景气，伯克希尔已经走向了没落，但从流动资本的角度观察，股票还是很便宜。随着关闭卖掉一家家工厂，伯克希尔就会用这些钱买入自己的股票。巴菲特看到了机会，开始买入伯克希尔的股票，打算日后再卖给他们，赚个差价。

这同样是一笔耐心的投资，1964 年，巴菲特手中已经持有了很多伯克希尔的股票，便去与管理层谈判，结果说好的每股 11.5 元美元将这些股票卖给他们，但对方最终的出价是 11.38 美元。因为 0.12 美元的差价，谈判崩了；巴菲特很生气，大手一挥，买下了整家公司，立即开除了 CEO。

此后的 20 年，巴菲特不得不将资金源源不断注入这家纺织厂，换购机器，减少人工，但是 20 年没有丝毫成效，这是没落的行业，真的无力回天了。

选股第一步就是选择行业。

这里面有一个很简单的逻辑关系，就是供给与需求。当供给大于需求，价格自然会跌落，因为货物多了，需要买的人少了。当需求大于供给，价格自然会上涨，因为需要买的人多了，货物少了。

产能过剩的行业，供大于需，投资者是一定要抛弃的，所以我从来不去触碰产能过剩行业的企业，龙头也不行。当一个行业的发展前景广阔的时候，就算不是龙头企业，而是小型企业，我们也能分一杯羹。

当一个行业饱和的时候，龙头也会很难过，小企业将会面临被淘汰的风险。

逻辑已经明了。没落的夕阳行业，看着便宜，但随着时间的流逝，就不再便宜了，因为它不能够再赚钱了。

警惕夕阳产业，拥抱朝阳产业。

2. 周期性行业陷阱。

读到这里，价值投资的陷阱远没有结束，还有一种十分典型的估值陷阱：周期性行业！

大宗商品以及券商是典型的周期性行业。实际上任何行业都具备周期性，不过大宗商品与券商的周期性较强，更为明显。与强周期性行业相对的是弱周期性行业，我们主要讨论强周期性行业，陷阱往往在这里。

券商类上市公司的盈利方式主要有：帮投资者交易股票理财等产品，赚取佣金；帮公司上市，赚取服务费；直接投资上市公司。很显然，牛市中投资者最活跃、券商可以赚取更多的佣金，券商直接投资上市公司在牛市里也涨得最多。

所以越是牛市，券商的业绩越好，越是熊市，券商的业绩越差，周期性非常典型地对应牛市与熊市；对于券商股的投资也可以很简单，投资券商龙头，熊市越跌越买，牛市越涨越卖。但是大宗商品这一类的强周期行业则更加特殊，投资者几乎无法把握。

我们曾经讲到，大豆等产能过剩的行业，是非常典型没有竞争力的行业。因为完全同质化，都是相同的产品，无法体现出竞争力。

当以上商品价格上涨时，自然而推动业绩上涨，降低企业的估值。注意，因为是强周期性行业，且难以预料价格的周期波动，在由业绩上涨而降低估值时，说明行业的价格上涨周期已经到来，尤其是在上涨周期的高位，一旦价格回落，估值自然会抬高。

对于此类上市公司，要在价格周期低位进行投资，重点在于，投资者很难预料大宗商品的价格周期低位。

好比我很难预测出钢铁价格何时上涨、何时下跌，煤炭价格何时上涨、何时下跌，大豆价格何时上涨、何时下跌。

虽然可以通过对比历史价格进行大致判断，但作为投资者，眼前有大把的标的，什么不去投资具备竞争力、行业发展前景广阔的低估值优秀上市公司呢。

3. 手起刀落才不会痛。

巴菲特是价值投资的顶级大师,也曾犯过很多错误,这是投资不可避免的。所以一定要做到在买入股票前再三研究,虽然依旧可能出现错误的投资决策,此刻就体现出了分散投资的巨大优势。

仓位分散,割起肉来还不算太疼。但具体要如何判断与处置错误的投资?

要承认这又是投资的一大难点,需要投资者对于行业与上市公司有着较为准确的判断。当投资者发现所买入股票的基本面出现恶化迹象,并且无法反转时(要再三确认自己的判断是否正确),同时有优秀的投资标的替代,要在第一时间割肉换股,不要犹豫。分散投资,损失不会太重,不会每个投资标的都是错误的。

切记不要死守股票基本面恶化严重且并无反转迹象、出现亏损的上市公司,它会有退市风险。

割肉时,下手要快,下刀要狠,手起刀落才不会痛。避免割肉的最好方法,还是回到原点,精选个股,低估值买入。

二、慧眼识珠: 避开财报陷阱

在第三章"定量分析"中;投资者对于各种指标一定要根据历史数据观察是否稳定持续向好。

重点是我们讨论过的净利润同比增长率与扣非净利润同比增长率的经营历史、负债率、应收款项、现金流、毛利率、净利率、净资产收益率。

我们一再强调,注意历史数据观察,任何一项指标数据出现较大的波动,要在财报中找到合理的解释,如果不能找到合理解释,回避该企业。为什么要始终强调这一点呢?

让我们回顾一下市盈率估值方法:静态市盈率反映的是上一年的业绩,严重滞后;动态市盈率反映的是预估全年的净利润,有失准确;最为正确的市盈率算法就是滚动市盈率,将静态市盈率与动态市盈率的优点相结合,体现出某些行业的季节性。

滚动市盈率计算公式:总市值/最新四个季度的净利润总和。

例如一家上市公司财报公布到了 2017 年的第一季度,那么算法就是:总市值/2016 年第二季度至 2017 年第一季度的净利润总和。

我们举个例子,上市公司 A 业绩等各项指标平稳,总市值 1 亿元,最新四个季度(2017 年四个季度)净利润总和为 500 万元,得出 20 倍市盈率的计算结果。

按照估值线判断,5 倍为低估值,10 倍为合理估值,20 倍为高估值,那么上市公司 A 位于高估值。

可是在 2018 年第一季度,上市公司 A 的业绩大爆发,净利润高达 625 万元,在此期间,股价平稳没有任何变化。

此时动态市盈率为 4 倍,打到低估值区域。

而滚动市盈率为 10 倍,打到合理估值区域。

当投资者遇到这种状况，不要盲目乐观，冷静一下，观察指标，为什么单个季度的利润突然增长到了 5 倍？注意净利润同比增长率与扣非净利润同比增长率。

如果两项指标差距较大，净利润同比增长率远大于扣非净利润同比增长率，那么投资者一定要在财报中找到合理解释。

有极大的概率是因为上市公司 A 出售旗下股权或者资产获取了收益，这部分收益是不可持续的。上市公司旗下的股权或者资产，卖一次就没有了，不可能再卖第二次。

不可持续的利润增长带来的估值变化，是不真实的，因为上市公司 A 在下一个季度难有资产再变卖，所以业绩一定会下滑！投资者要选择扣非净利润计算出真实的估值情况。

如何避免陷阱？不需要多么精深的会计知识，关注以下指标：净利润同比增长率与扣非净利润同比增长率的经营历史、负债率、应收款项、现金流、毛利率、净利率、净资产收益率。这些重要指标，如有重大变化，一定要在财报中找到合理的解释，可以轻松避过财务陷阱。

三、龙头优势：市场中的不确定性

股市中最大的确定性就是不确定性。股市中永远有风险，投资没有 100% 的正确，投资者永远都在追求正确概率的最大化。在仓位管理中我们曾简单地提过到，就连赌场玩的也都是概率，并非赌术。投资，并非赌博，更要把握最大的正确概率。

一些经典的黑天鹅案例都是老段子了。2008年毒奶粉事件，乳制品行业全面崩溃，伊利股价24个交易日腰斩，同年业绩亏损，大白马也被迫戴上了ST的帽子。

2011年瘦肉精事件，双汇发展11个交易日下跌46%左右，损失超百亿元。

2012年酒鬼酒塑化剂事件，酒鬼酒连续跌停，7个交易日下跌42%，白酒股暴跌，11月19日仅一天的时间蒸发330亿元，此后白酒行业调整了两年。

2018年长生生物假疫苗事件，医药股全线暴跌。

既然黑天鹅事件永远存在，投资者就要尽量地去避免。其实买入优秀的上市公司股票的好处很多，其中之一就是这是最好的避免黑天鹅的方式。

毒奶粉事件源自三鹿奶粉，塑化剂事件起源于酒鬼酒，假疫苗事件起因是长生生物，这些不良事件的发生在于上市公司过分追求利润，走上了不归路。真正优秀的上市公司会如此自掘坟墓么？答案显然是否定的。好行业中的好企业，主业做得好好的，利润丰厚，就算抽风也不会因为眼前的利润而冒巨大的风险。

对于优秀的上市公司，黑天鹅事件只会对股价造成短期的影响，不改变内在的价值。投资者们做到挑剔选股，以合理的价格买入好行业中的好企业，就是在最大限度地避免黑天鹅事件。

黑天鹅过后是行业的整合，龙头反而受益。

但面对黑天鹅时，投资者当真可以坦然面对么？举个例子，众所周知，医药是个好行业，康美药业始终受到市场热捧。

第六章　安全边际：知道自己的边界在哪里

2018年10月份，一篇文章、一则消息、一种推测，使康美药业股价腰斩。

同期，2018年12月29日，再度出现了一条利空消息，落到了康美药业的脑门上；来自中国证券监督管理委员会立案调查通知的公告表示，因康美药业涉嫌信息披露违法违规，有关部门将对康美药业立案调查。

熊市中，利空消息是对股票最致命的武器，稍有风吹草动，市场立刻死给你看；能下跌，绝不含糊，跌停板招呼。果不其然，开盘后，康美药业在开盘价便被死死摁了两个跌停板。

原本优秀的A股上市公司之一，如今股价腰斩后再来一刀，跌幅69%，相比巅峰，跌去了千亿元左右的市值。

要知道，上市公司的股价辉煌，是拼出来的，是需要业绩支撑的。康美药业2011年上市至2018年高点，后复权计算累计涨幅7860%。

简单了解一下康美药业的基本情况：

近十年平均总营收同比增长37%；

近十年平均净利润同比增长38%；

近十年平均扣非净利润同比增长43%；

近十年平均净资产收益率同比增长15%；

近十年平均毛利率同比增长29%；

近十年平均净利率同比增长16%。

看数据，这无疑是一家优秀的上市公司，但真要深入了解，这还不够。

根据康美药业2018年度第三季度数据：货币资金377.88亿元/负债合计470.95亿元=80%；不满足数值1，勉强中规中矩。（应收票据2.79亿元+应收账款61.06亿元+预收账款16.02亿元）/营业总收入254.28亿元=31%，数据合格。

销售商品、提供劳务收到的现金258.81亿元/营业总收入254.28亿元=1，公司经营稳健，最少收钱是没有问题的。

经营现金流净额12.93亿元/净利润38.47亿元=34%；远不满足数值1。（管理费用9.56亿元+销售费用7.94亿元+财务费用10.99亿元）/（营业总收入254.28亿元×毛利率30%）=37%；该指标没有问题。

康美药业一度财务负面消息缠身，短期借款逐年增加，截至2018年第三季度财报数据，账面有124.52亿元短期借款。

其最大的问题在于，账面有着大量的货币资金（货币资金包含现金、银行存款以及其他货币资金），有钱不用，偏偏要去借款、发债。借款也好，发债也好，钱是要还的，是有利息的。

如今康美药业57%的负债率，呈现逐年增长态势，远高于恒瑞，与复星旗鼓相当。按照严谨的财务面标准，但凡是上市公司账面有大量现金不用，却去筹资的，存在资金被大股东挪用的嫌疑，或者虚假财报。

但分析财务报表需要多个角度观察，不同的数据，所代表的意义不同，需要结合看待。业绩可以造假，但长期业绩造假可是个技术活。

虽然康美药业的经营现金流与净利润之间的比率仅为34%，

第六章 安全边际：知道自己的边界在哪里

但长期看是向上增长的。需要注意的是，康美药业的经营现金流始终为正数，说明公司经营正常；投资现金流始终为负数，说明公司在花钱扩张；筹资现金流始终为正数，说明公司在筹钱。

根据康美药业的三种现金流总结，可以知道康美药业在筹集资金，马不停蹄地大举扩张！再看康美药业的一系列大动作，2017年至2018年，康美药业的大举收购动作以及合作就没有停下。在此期间有共计29条收购公告、12条合作公告。

收购扩张是要花钱的，钱花好了，业绩扶摇直上，钱花不好，大家都下课。所以此刻康美药业的重点在于所投资的项目前景，以及资金可以撑到什么时候。

上市公司开疆拓土总好于不求上进，但忌讳跨行业；不过看康美药业的收购以及合作，全部是与医药行业相关的。

钱是个好东西，但并不是那么好借的；公司经营是商业活动，万一遇到特殊事件，资金链断裂，在那个时候如果借不到钱、融不到资，那么公司将面临极大的危机。所以康美药业宁可留存大量的货币资金不花，也要借款发债，或许是留存备用。

一切利空，目前已经通通体现在了股价上；看2019年1月2日至3日的两个大跌，康美药业被死死地摁在了跌停板上。

再看估值，中药板块整体市盈率在40倍左右；康美药业2001年上市至今，最高估值100倍滚动市盈率，平均在30倍左右波动；市净率最高为27倍，平均在4倍左右波动。

2019年1月4日康美药业收盘价每股7.16元，对应7.4倍滚动市盈率、1.1倍市净率。单论估值，只比多数银行股略贵一些，与招商银行相差无几。

康美药业是一家卖药的上市公司，而非开银行的上市公司。要知道，无论多么详尽的财务面分析，都只能做到剔除带有疑惑的上市公司，而非挖掘出全部真相。最难看清的，是人。

康美药业遭遇证监会一纸调查令，结论并非一朝一夕能水落石出，结果或许会体现在股价中。如果康美药业是无辜的，第一时间将会有估值的修复，股价大涨。如果康美药业不是无辜的，会继续跌停。无论是哪一种结局，在水落石出的那一天，投资者都难以有参与或者退出的机会，要么涨停，要么跌停，冰火两重天。

抉择，要在康美药业事件水落石出的前夕。

退一万步来讲，做最坏的打算，如果康美药业违法违规，钻进了笼子，掌门换人，也不会倒闭、不会退市，可对于经营终究是打击。那么对于康美药业，究竟该恐慌还是贪婪？一面是极具吸引力的低估值，另一面是或许存在经营违法违规。

约翰·聂夫对于花旗银行的坚守，大获成功，彼得·林奇所抓住的困境反转股，让他收益丰厚；毒奶粉事件、酒鬼酒事件、瘦肉精等事件后，有多少投资者在错过后懊恼，如果当初如何如何就好了……

可回归到真实所要面对的情况时，很难做出抉择，总会有这样那样的情况发生。

对于这种问题，终究是带有投机性的，保守投资者还是不要参与为好，真正的困境反转股是诚信的大公司。

四、安全边际：保障资金的安全

格雷厄姆为什么被尊称为"华尔街教父"？

那是一个充满投机的年代，是股市的蛮荒时代。那个时代完全没有优秀的上市公司与平庸的上市公司之分，买卖股票全靠蒙，股市如同巫术，玄而又玄，投资者不知估值，以道氏理论和道琼斯指数来判断市场的牛市与熊市行情。

道氏理论是一切技术面分析的开山鼻祖。道氏理论不谈价值，所定义的也仅仅是牛市与熊市。

格雷厄姆所提出的安全边际理念，对于股市具有跨时代的意义，将巫术与股市剥离，画出了分界线，奠定了价值投资的基础，被尊称为华尔街教父、价值投资之父，谱写了真正的投资篇章：价值投资。

在某种意义上来讲，安全边际是被格雷厄姆的徒弟巴菲特发扬光大，但格雷厄姆才是真正的奠定人！

什么是安全边际？按照创始人格雷厄姆的理念，就是衡量股票的内在价值是多少，是否高于账面价值（股价），买入内在价值高于账面价值的上市公司（便宜货），越便宜安全边际越大！（参考第四章第七节烟蒂估值法）

在某种意义上来讲，这种理论被后来的巴菲特所改造精进，成了以合理的价格买入优秀的上市公司！

投资是门艺术，没有标准，安全边际这一概念也较为模糊，众说纷纭。费雪与格雷厄姆所认同的安全边际便可以分为两种，前者追求成长，后者追求便宜。

其实安全边际始终围绕风险，所谓安全，对立面便是风险；投资控制风险、降低风险，追求正确概率的最大化，始终保护本金的安全。

如果投资者按照基本面（财务面）、估值面、仓位面进行投资，以合理的价格买入好行业中的优秀上市公司股票，就是有安全边际！

其实更重要的合理安全边际关乎投资者的思维与心态！

优秀的投资者以思维看待问题，通过分析选择出了好股票，在低估值敢于越跌越买，无视短期的波动，靠思维影响心态，这是极少数人。

我见过太多的投资者十分明确投资股市不可以投机，但始终做不到，不能克服内心深处的贪婪与恐惧。当市场下跌时，好股票跌进了黄金坑，不敢买入，哪怕内心明确这就是投资机会；上涨时反之。

以股票的上涨与下跌来判断股票的好与坏，这是市场中90%的投资者在做的，让心态影响思维。

投资，是反人性的。

五、杠杆交易：危险而刺激的双刃剑

投资者最常见的杠杆方式是融资交易，投资者向证券公司交

第六章　安全边际：知道自己的边界在哪里

纳一定的保证金，借出一定的资金买入股票，放大盈利与亏损。

这是一把利剑，用好了赚钱，用不好亏钱，但我还没有看到有谁真正用好了，都亏钱，尤其是在股票高估值时融资买入，血本无归！如果投资者有 1000 万元的资金，开通融资融券业务，一般会有 1000 万元的融资额度，这样会有 2000 万元的可动用资金。融资一般有六个月的期限，到期后，了结负债，可以继续融资。

券商会对市值设置警戒线和平仓线，市值低于警戒线将通知现金补仓，达到或者低于平仓线股票进行平仓，终止交易！也就是说，投资者在融资前，要判断出股票会在六个月内上涨，并且不会跌到警戒线或平仓线！

这就跟天方夜谭似的，几乎就等同于投资者可以预测股价的波动！

一只股票的价格回归时间或许在半年至两年半左右，甚至有可能时间更长，是没法预判的。投资者在低估值买入股票时，也没法预判出所买入的股票还会跌多少，估值也是会随着业绩而变化的。如此，投资者的唯一正确价值投资方式就是买入低估值的优秀上市公司，长期持有，别无他法。

哪怕融资的标的是一只长时间被低估的优秀上市公司，我同样不会选择融资。

投资股市本身就具备高风险，在投资中格雷厄姆曾破产过；1929 年格雷厄姆赚了很多，但是 1930 年损失 20%；他贷款买股票，在 1932 年破产，依靠写作、教书、审计维持生计，1934 年出版《有价证券分析》。格雷厄姆开创安全边际思维，就是因为投资股票是高风险行为，要最大限度地将风险降低。

投资者借来的资金，终究不是自己的资金，是需要偿还的，市场中90%的投资者难以承受账户浮亏所带来的压力，因为杠杆交易会放大心态的失衡。

杠杆交易的资金是有时间成本的，所以杠杆交易者心理压力极大，想赚一票就走，那么只能做短线，短线就是在赌博，就会有以下几种结果：

第一种结果：既然杠杆交易是赌博，那么失败的概率极大，时间一到，割肉走人，认赔。

第二种结果：极其幸运的人，成功赚了一笔，但是赌博是会上瘾的，当赌性大于理性，还会继续赌博，只要继续赌博，输钱是迟早的事，输掉盈利的钱，之后就是本金了。

第三种结果：依旧是极其幸运的人，成功赚了一笔，以后再也不会来赌场了，那么所得到的将是通货膨胀永续的损失。

所以，拒绝杠杆交易，用闲钱投资，这是普通投资者最大的优势。闲钱是没有时间成本的，市场中，最不值钱的就是时间。

我曾在网上看到过一个段子，很有趣，记忆犹新。讲的是朋友家的邻居，做外汇的，高杠杆，白手起家，住高档小区，开豪车。近期由于外汇波动剧烈，卖车卖房，变现财产，据说又准备白手起家了。

投资者千万不要认为这是危言耸听，2008年金融危机股市暴跌前期，多少投资者都在热衷于"炒股"，人人都是股神，杠杆买入股票，最终血本无归，倾家荡产，真实案例不在少数。

价值投资的理念是：将投资股票当作自己的生意来做，做生意不是赌博。

六、逆向投资：积累财富的有效途径

很多投资者渴望巴菲特的投资方法，巴菲特也公开了自己的投资方法，但世界上只有一个股神，因为巴菲特战胜了人性，这是极少数人可以做到的。

他广为流传的经典投资哲学，在别人贪婪的时候恐惧，在别人恐惧的时候贪婪，被太多的投资者视为投资圣经，是烂熟于心的真理，可没什么用。

当面对股票暴跌时，凄惨熊市时，怂了……当面对股票暴涨时，疯狂牛市时，贪了……

并非我言语刻薄，我的的确确想看到投资者在熊市大胆买入，在牛市大胆卖出，因为这样真的会盈利。

著名评论家老梁对于股市的看法是：股市就是富人对穷人财富的二次掠夺。为什么老梁会这么说？这是一个不可回避的话题，就是穷与富的思维。

有贫穷，就有富贵。穷富之分，自然与出身、环境、背景有着极大的关联，也关乎背后的思维。

我们从投资的角度出发，来分析解读穷思维与富思维。

穷思维主要体现在对待事物的思维逻辑上，不能说不上进，但不思索，目光短浅，只看眼前的利益。

很多投资者，甚至没有充分了解股市，没有阅读一本价值投资的书籍，就急匆匆闯入股市，迫不及待地想要赚钱。在股市中，是不可能一夜暴富的；想在股市中暴富，只有投机，但这是注定失败的。穷思维，只想着赚快钱，在股市中，自然输得一塌糊涂。

而富思维，在充分了解学习后进行投资，避开陷阱，利用闲置资金，长期持有，价值投资，获得收益。不会幻想着一夜暴富，将闲置资金投入股市，拉开时间的长轴，自然会有高收益。

股市中存在铁律，最终长期盈利的投资者，仅有10%左右。难道股市中90%的投资者都不具备富思维么？

性格不同，执行力不同。投资者很难战胜自己的情绪；可只要投资，就必须迈出这一步，信念支撑也好，勇气支撑也罢，这是投资不可逃避的。

纵观世界顶尖的投资大师们，成功的投资都是在逆向投资！也就是在熊市中越跌越买，牛市中越涨越卖！

约翰·邓普顿曾言，牛市在悲观中诞生，在怀疑中成长，在乐观中成熟，在兴奋中死亡。最悲观的时刻正是买进的最佳时机，最乐观的时刻正是卖出的最佳时机。

投资大师们用自己的实际行动证明，做市场中的少数人，才能成为最大的赢家。他们无一例外将这种手段玩了一辈子，玩出

第六章 安全边际：知道自己的边界在哪里

了历史上最成功的基金经理之一，玩出了世界首富，这就是投资的方向。

投资是要逆着人性的，逆向投资需要逆向思维，而逆向思维并非是单纯的越跌越买。

对于拥有护城河的优秀上市公司，当然要越跌越买，但是对于平庸的上市公司，一定要远离。

很多投资者热衷于妖股，总是期望可以全仓买入一只妖股，享受高回报。

暴风集团是一只2015年上市的新股，亦是一只典型的妖股！2015年3月24日，暴风集团上市开盘价为3.54元每股，经历38个涨停板，2015年5月21日股价最高上冲到123.83元每股，上涨34倍！

此后截至2018年10月19日，暴风集团收盘价9.01元，一路的下跌趋势，是要越跌越买么？我们观察一下暴风集团的质地与估值情况。

暴风集团的主营业务是互联网视频相关服务，在2015年的财报中：净利润1.73亿元，同比增长313%；扣非净利润5409万元，同比增长45%；负债率为50%；净资产收益率33%；毛利率65%；净利率24%。

截至2018年中报，暴风集团净利润-1.06亿元，同比增长-775%；扣非净利润-1.12亿元，同比增长-6061%；负债率为71%；净资产收益率为-10%；毛利率-4.7%；净利率-37%。

很难想象这三年暴风集团经历了什么，至此，我们已经不需要再深入研究暴风集团的财报，对于这种上市公司来说，投资者要越跌越买么？可在此期间，依旧有不计其数的投资者，买入了暴风科技。

逆向思维，要针对优秀的上市公司。

五年的时间，优秀的上市公司会赚取更多的利润回报投资者，而平庸的上市公司很难打破平庸！

七、 二八铁律： 做股市中的10%

在股市中，有一条铁律，二八铁律，也可以形容为一赢二平七赔。

七赔意味着在股市中有七成的交易者是亏损的，长期看，我也的确很少见到在股市中有真正赚钱的投资者。因为90%的投资者对于股市都是当作赌博看待的，或者还没有找对方式方法。

赌博可以将人性的弱点无限放大。每个人都有欲望，欲望是得不到满足的，是人们追求一切财权的原动力。往往赚了百万想千万，赚了千万想"小目标"。有了千田想万田，做了皇帝想成仙。人的欲望无穷大，很难满足，这是人性，无可厚非，所以有太多的人怀揣着梦想与钞票，杀去股市。

听消息买股票，融资买股票，迷恋技术，追涨杀跌，玩各种花样，渴望着大富大贵，欲望化作贪婪；结果都是不尽人意的，很不美妙。

这就是股市，红绿交织，代表着财富的分配，荣华富贵仿佛近在咫尺、唾手可得，这是一种难以抵挡的诱惑，诱惑的背后，是万丈深渊。有欲望是好事，是人们奋斗的原动力，但要学会控制。百万有百万的花法，千万有千万的活法。

每个人在童年往往很容易满足，年纪越小，越是无忧；年纪越大，越是烦恼。所以人们往往越活越倒退，反而不如孩子。幸福的人往往懂得知足，否则拥有上亿财富，同样会有烦恼。

投资同样如此，懂得知足，才可以合理运用本书中所介绍的仓位管理办法，获取收益。投资是一生的事，人生在世，无时无刻不在投资，对于股市来说，不必在意短期的下跌波动。

市场，最终走的是向上波动，每个国家设立股市，都是为了做多而不是做空。而历史一再证明，价值投资才是正路，投机不得善终。

要珍惜熊市，因为那才是投资者赚钱的机会；亏损，是在牛市发生的。2016年至2018年的市场，有些股票被高估了，但有大把的股票在低估值区域徘徊。

价值投资往往是孤独的，因为选择的方向往往会是与90%的投资者相反的方向。请按照本书所讲述的估值方法，发现那些低估值的好股票，善待它们，因为它们在低估值时是便宜的，是黄金。

让我们回顾一下投资大师们是怎么赚钱的。

在彼得·林奇看来，市场每一次的下跌，都是很好的买入机会。

巴菲特最喜欢也最擅长在所有人都恐慌的时候买入股票,如此操作,买成了首富。

美股的熊市已经不能满足邓普顿了,所以他在全球的股票市场寻找熊市,寻找恐惧绝望的情绪,带着大把的钞票,在抄全世界股市的老底。

克服人性,抵挡住诱惑,这本身就是一种巨大的财富。投资最大的敌人,就是自己;战胜自己,做股市中的10%。

八、复利人生: 投资者的4个亿

中国证券市场成立25周年时,涨幅高达3478%,年化回报率约16%;2008年上证指数曾经到过3000点,2018年同样到过3000点,如此截取数据计算,年化回报率是0;截取不同的时间点,年化回报率的数据是不相同的。

但长期来看,市场的年化回报率保守估计约8%左右;通过选出优秀的上市公司,以低估值或者合理估值买入长期持有,投资者的年化回报率在10%左右,这已经跑赢了太多的投资者;如果投资者的年化回报率在15%左右,已是非常优秀的投资成绩;如果年化回报率在20%左右,那是世界顶级投资大师;彼得·林奇13年的年化回报率高达29%。世界顶级投资大师们用一生的经历告诉投资者,价值投资真的可以赚大钱,如此年化回报率已经是极限。重在坚持,做时间的朋友。

第六章　安全边际：知道自己的边界在哪里

普通投资者不必贪心，更不必妄想买在最低点、卖在最高点，因为做不到。买入好股票，耐心持有，市场便会给出丰厚的回报。把长期保持15%的年化回报率当作价值投资目标，以20岁10万元本金开始复利计算：

10 年后 30 岁获得 40 万元；

20 年后 40 岁获得 164 万元；

30 年后 50 岁获得 662 万元；

40 年 60 岁后获得 2679 万元；

50 年后 70 岁获得 1 亿元；

60 年后 80 岁获得超过 4 亿元。

10 万元本金，平均年复利率15%，60 年的时间，投资者将会获取超过 4 亿元的利润（不包含通货膨胀），投资者还会有可以继续买入股票的其他收入。

以合理的价格买入好行业中的好企业，耐心持有，做时间的朋友，低估值建仓，高估值减仓，如此循环，简单的事情重复做。但其实，简单的事情重复做、对抗克制自身的情绪、坚持60 年，少有投资者可以做到。

投资不会暴富，只会慢慢变富，可往往市场中 90% 的投资者不乐于慢慢变富。投资不必追求大富大贵，在股市中活得久了，自然而然地会大富大贵。也就是说投资有一个很重要的前提，那就是身体好，活得越久，会越富有，健康的身体是关键。

人生的时间越来越长，价值投资，也将帮助投资者越老越"升值"。

第七章 价值投资实战策略

一、雪中送炭：老板电器

以合理的价格买入优秀的上市公司是投资者的正确选择，时间是优秀股的朋友，是平庸股的敌人。

随着时间的流逝，优秀的上市公司会更加优秀，创造出更多的利润，也就会更加值钱；平庸的上市公司会更加平庸，难以再创造出利润，也就更加不值钱。

往往优秀的上市公司很难有低价的时候，因为它是优秀的。而优秀的上市公司在落难时，只要投资者确认其可以重回正轨，那么一定要雪中送炭，而非等到形势明朗时锦上添花。

1. 戴维斯双杀。

如图7-1所示，老板电器在2010年上市，上市第一天开盘价每股4元，2018年1月最高价53.75元。哪怕经历了2015年的恐怖股灾，股价无非从21元跌至低点14.5元，跌幅不过

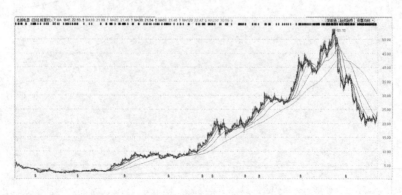

图7-1 老板电器股价历史走势图

30%，此后股价又开始一路上涨，不断创下新高。

老板电器为什么可以无惧股灾，股价气势如虹？因为它是一只典型的大白马股，始终有着出色的业绩支撑股价。自2010年上市后老板电器的净利润持续高速增长，仅2011年稍逊色，增速为39.19%，其余六年均高于43%。

我们截取平均数据计算：

2010—2017年，老板电器近八年平均净利润同比增长率为43.81%；八年平均扣非净利润同比增长率为43.09%；两者相比可知，老板电器的业绩增速是没有丝毫水分的，完全是依靠正常业务获取的。

如此优秀的上市公司，市场更乐意给出高估值，从2010年上市至2017年，其滚动市盈率最低18倍，始终围绕25倍估值区间震荡。而A股中另一只优秀的高分红大白马股格力电器，历史最低滚动市盈率为6.5倍！

可见市场对于市值较小、业绩更加出色的白马股更加喜爱。然而2017年老板电器业绩不及预期增速，下滑20%左右，市场立刻无情翻脸，报以颜色。老板电器从2018年1月16日53.75元每股暴跌至2018年10月17日18.62元每股，腰斩后再跌，跌幅约66%。

这就是成长型大白马股的痛点，只要业绩不及预期，市场马上死给你看，典型的戴维斯双杀。当业绩不及预期，每股收益会相应下滑，导致估值升高，市场的预期随之降低，然后杀估值，股价会得到相乘倍数的下降，这就是戴维斯双杀。

成长型大白马股中的戴维斯双杀很常见，2018年7月26日，脸书（Facebook）一个交易日跌幅19%，蒸发1200亿美元市值。

原因在于脸书第二个季度的业绩营收虽增长42%、净利润增长32%，但脸书曾经的营收与净利润增速保持在50%，同时首席财务官发言称，今年第三季度、第四季度业绩将会继续下滑。

网宿科技题材好，具备想象力空间，更重要的是业绩好，曾保持50%的高业绩增长，2016年业绩不及预期，从60倍滚动市盈率高位开始杀跌，股价腰斩后再跌，形成戴维斯双杀。

实际上，大白马股遭遇戴维斯双杀的案例还有很多，有行业天花板的原因，有业绩调整原因。这也是为什么我始终躲避市场抱有高预期、高市盈率的上市公司，再优秀也不行。预期高了估值便高了，意味着下杀空间巨大，业绩表现稍有不慎，股价轻松实现腰斩。

无论任何上市公司，都不会始终保持高速增长。

2. 厨电行业天花板。

老板电器主营业务是厨房家电，是家电业的细分行业；家电行业与房地产行业是息息相关的，原本十多年的地产业高速发展如今似乎有些放缓，有土地资源的原因、民生的原因、人口红利消失的原因，这是市场所担忧的，毕竟有新房才有家电市场。

投资可以很简单，动用常识就好。地产业涨涨跌跌起起落落,永远存在,旧房子时间久了,就要换新房子。发达国家的地产业几百年的历史,依旧存在家电需求,因为人们永远在追求美好的幸福生活,这便是投资的方向。

厨电是个广阔的市场,中国人接触用于厨房的现代化小电器,例如吸油烟机、洗碗机、微波炉等,仅有20几年的历史,这是一个准千亿元级别的大市场。

直至1994年,中国才诞生了第一台国产吸油烟机,这一行业的增长速度之快令我咋舌,从百亿元级别的市场规模增长至近千亿元规模,仅仅用了15年的时间,而且这似乎是唯一连续15年增速达到两位数的行业。

2017年厨电行业总规模达到950亿元左右,各个机构们认为千亿元规模指日可待,而老板电器作为龙头,市场给出老板电器最低11倍市盈率估值,25倍合理中枢估值,远高于格力电器最低6.5倍市盈率估值,15倍合理中枢估值,这种情况也就不足为奇了。

不过2018年这一行业出现了首次下滑,相关股票以老板电器为首,股价腰斩。据中华厨电网的数据,截至2017年12月31日,中国百户家庭厨电产品普及率还只有44.5%,市场空间仍然巨大。甚至有数据称,厨电在农村的普及率还不足20%,所以有专业人士称,成熟的中国厨电市场的规模应该在2500亿至3000亿元。

能否达到这种规模我不知道,但通过普及率数据,厨电行业的发展前景的确还很广阔。2018年厨电增速下滑,有地产调控的原因,从而导致了行业洗牌,有很多小厂商随之破产了。

如图 7-2 所示,根据老板电器 2018 年度中报报表,主营厨电产品中,吸油烟机营收占比为 56%,毛利率为 56%,其次是燃气灶,营收占比为 25%,毛利率为 54%。

	业务名称	2018-06-30营业收入(元)	2017-12-31收入比例	2017-06-30营业成本(元)	成本比例	利润比例	注:通常在中报、年报时披露毛利率
按行业	家电厨卫	33.94亿	100.00%	16.29亿	100.00%	100.00%	52.02%
按产品	吸油烟机	19.05亿	56.13%	8.27亿	67.84%	69.51%	56.57%
	燃气灶	8.65亿	25.49%	3.92亿	32.16%	30.49%	54.65%
	消毒柜	2.27亿	6.68%	-	-	-	-
	蒸汽炉	1.29亿	3.79%	-	-	-	-
	烤箱	1.02亿	3.01%	-	-	-	-
	其他小家电	5802.36万	1.71%	-	-	-	-
	洗碗机	5058.92万	1.49%	-	-	-	-
	净水器	4527.28万	1.33%	-	-	-	-
	微波炉	1270.37万	0.37%	-	-	-	-

图 7-2 老板电器产品分类数据

如表 7-1 所示,根据 2018 年度中报,老板电器吸油烟机、燃气灶、嵌入式消毒柜、嵌入式微波炉占据市场份额第一名;嵌入式电烤箱、嵌入式洗碗机占据市场份额第三名,净水器在 2016 年推出,占据市场份额第十名。

表 7-1 老板电器市场份额

	吸油烟机	燃气灶	嵌入式消毒柜	嵌入式蒸汽炉	嵌入式微波炉	嵌入式电烤箱	嵌入式洗碗机	净水器
市场份额	26.76%	23.87%	24.49%	34.57%	45.70%	27.22%	9.55%	1.01%
排名	1	1	1	1	1	3	3	10

根据中国产业信息网的数据:2017 年洗碗机销售 98.5 万台,远低于同期吸油烟机、燃气灶等传统厨电产品销售量。洗碗机目

前在我国渗透率不足3%，远低于欧美发达国家70%左右的渗透率。

随着限制条件逐步改善，洗碗机将迎来快速发展；洗碗机的消费者认可度快速提升，洗碗机销售额、销售量同步高速增长，2017年分别同比增长129.4%、118.7%，远超家电行业整体水平。

厨电产品价格过去五年始终保持稳步上升趋势。以吸油烟机为例，2017年全年均价提升10.6个百分点，但对比吸油烟机近五年1月份单月均价情况，增速分别为23%、1%、9%、19%以及-2%，2018年1月出现均价提升放缓的迹象。主要为一二线城市房地产景气程度下降所致。

吸油烟机占比从2010年11.0%下降到2017年9.4%，参照白电中成熟度较高的冰箱、洗衣机，虽然2000年左右其渗透率已经接近饱和，每百户拥有量基本稳定，但后续单价一直在提升。2009—2017年这9年时间，冰箱均价从2787元/台上涨至3746元/台，涨幅34.41%，洗衣机均价从1900元/台上升至2647元/台，涨幅39.32%；三四线地产市场景气程度上升还带来了新的需求。

电烤箱是一种高效节能、无烟无味的厨电产品，满足烘焙、烧烤、发酵、解冻等多种功能；嵌入式电烤箱可以镶嵌到橱柜当中，能够最大限度节省厨房空间，提升整体质感，使厨房环境更加美观、整洁。2017年上半年，电烤箱市场零售额同比增长46.0%，其中嵌入式烤箱同比增长64.0%，远远超过整体市场增速。嵌入式烤箱占据电烤箱市场份额的38.7%。

目前市场上的净水设备分为净水机、纯水机、管线机、直饮机，其中纯水机市场份额逐步上升，目前在70%左右，净水机份额为20%。净水设备2017年零售额达到328.9亿元，同比增长18.3%，相比2012—2015年增速有所回落。

分城市区域来看，吸油烟机、燃气灶在一二线城市渗透率已经较高，后续提升空间相对有限，而三四线城市渗透率较低，尤其是农村区域。以吸油烟机每百户保有量为例，2016年农村家庭每百户保有量为18.4台，远低于城镇家庭71.5台的保有量，增长空间巨大；且其20%的同比增速远高于城镇家庭3%的增速，增长势头强劲。

2010年以来，各大集成灶企业均采取明星代言、电视台、高铁投放广告等方式进行品牌宣传，大规模的品牌营销迅速提高了品牌认知度，2017年集成灶销量接近100万台，同比增长42%；2014—2016年，集成灶企业的销售额分别为15亿元、19亿元、30亿元，年复合增长率为41.42%，远超传统烟机行业增速，行业进入快速增长阶段。此外，当前集成灶渗透率不足5%，未来提升空间大。

综上所述，厨电行业还有很大的提升需求，吸油烟机、燃气灶在一二线城市渗透率较高，未来重点在三四线城市尤其是农村。通过历年财报中的内容可以发现，老板电器显然注意到了这一问题，始终在布局：2012年立足一二线城市，辐射三四线城市；2014年三四线城市精细化经营；2015年三四线城市加大扩展力度；2016年三四线城市加大扩展力度，全面提升专卖店覆盖率，新建449家专卖店；2017年在三四线城市新增440家专卖店，截至2017年年底，专卖店数量增至2998家，持续提高覆盖率。

3. 了解你要买入的公司及其老朋友（竞争同行）。

通过上两节内容，我们了解了老板电器的大致情况。老板电器主营厨房电器产品的研发、生产、销售和综合服务。2017年度业绩不及预期，股价腰斩后再跌，跌幅66%左右。老板电器历经30多年的发展，获得了很多企业名誉，是细分行业吸油烟机、燃气灶领域的龙头企业，品牌认知度很高，人们提到吸油烟机，一般都会想到老板电器，或者其他品牌，例如方太牌。

我们再看一下老板电器的老朋友们（竞争对手）。

2018年1月至10月股市整体都在下跌，在此期间上证指数跌幅31%；深证成指跌幅39%；家电板块跌幅26%。苏泊尔主营业务是电器和灶具，涨幅27%；飞科电器主营业务是电动剃须刀，跌幅46%；九阳股份主营业务是食品加工机系列、营养煲系列，跌幅20%；美的集团有厨电业务，跌幅36%；青岛海尔同样有厨电业务，跌幅45%；

在大盘指数下跌、家电行业下跌期间，老板电器由于业绩缘故跌幅最深，高达66%；同时，老板电器还有一位重要的竞争对手——方太厨具，不过由于该公司没有上市，缺少相关资料。

不过最令我吃惊的是华帝股份，主营业务是吸油烟机和灶具,近八年净利润同比增长率为38%,扣非净利润同比增长率为38%,2017年度净利润同比增长率为55%,扣非净利润同比增长率为58%,这是一张很漂亮的成绩单,但2018年1月至10月跌幅同样为66%。

厨电行业整体规模增速下滑,行业老二也在跟跌行业老大,寻求估值平衡。也正是由于华帝股份的跟跌,导致估值变动情况与老板电器相差无几。

投资者不需要纠结股票的上涨或者下跌,其实在股市中股票可以没有任何理由的上涨或者下跌,价格总是会经常与价值偏离,这很正常。

老板电器与华帝股份主营业务十分接近,华帝股份2017年度的业绩更好,从侧面也说明了对于厨电行业的天花板没有必要担忧。老板电器业绩增速十分稳定,近八年平均净利润增速为44%;平均扣非净利润增速为43%(见表7-2)。

表7-2 老板电器业绩增速

时间 科目	2017年	2016年	2015年	2014年	2013年	2012年	2011年	2010年
净利润(元)	14.61亿	12.07亿	8.30亿	5.74亿	3.86亿	2.68亿	1.87亿	1.34亿
净利润同比增长率	21.08%	45.32%	44.58%	48.95%	43.87%	43.34%	39.19%	64.17%
扣非净利润(元)	14.06亿	11.47亿	8.17亿	5.57亿	3.83亿	2.60亿	1.80亿	1.30亿
扣非净利润同比增长率	22.61%	40.33%	46.70%	45.67%	47.33%	44.05%	38.16%	59.84%

资料来源:同花顺

长期看,华帝股份业绩增速波动较大,近八年平均净利润增速为38%;平均扣非净利润增速同样为38%(见表7-3)。

表7-3 华帝股份业绩增速

时间 科目	2017年	2016年	2015年	2014年	2013年	2012年	2011年	2010年
净利润(元)	5.10亿	3.28亿	2.08亿	2.81亿	2.24亿	1.59亿	1.39亿	1.21亿
净利润同比增长率	55.60%	57.67%	-26.10%	25.58%	40.61%	14.66%	14.29%	122.40%
扣非净利润(元)	4.91亿	3.10亿	1.77亿	2.43亿	2.05亿	1.50亿	1.26亿	0.99亿
扣非净利润同比增长率	58.33%	74.72%	-26.96%	18.66%	36.40%	18.95%	27.98%	96.73%

资料来源:同花顺

通过对比可以发现,老板电器的业绩增速更加稳健,仅有2017年度出现下滑,华帝股份业绩增速不够稳定。经营一家上市公司是非常复杂的,市场永远在变化,任何一家上市公司也不会永远业绩稳定,出现波动是非常正常的现象。

我们可以顺便观察家电三巨头是什么情况,虽然格力电器、美的集团、青岛海尔的主要营收不是来源于吸油烟机,但都是家电行业,且经营厨电业务,可以作为参考,我们通过分析家电三巨头的数据来判断同行的业绩情况。

格力电器业绩同样有波动,近八年平均净利润同比增长率为31%,近八年平均扣非净利润同比增长率为31%(见表7-4)。

表7-4 格力电器业绩增速

时间 科目	2017年	2016年	2015年	2014年	2013年	2012年	2011年	2010年
净利润（元）	224.02亿	154.64亿	125.32亿	141.55亿	108.70亿	73.80亿	52.37亿	42.76亿
净利润同比增长率	44.87%	23.39%	-11.46%	30.22%	47.30%	40.92%	22.48%	46.76%
扣非净利润（元）	211.70亿	156.01亿	123.14亿	141.45亿	89.08亿	69.95亿	51.06亿	40.27亿
扣非净利润同比增长率	35.70%	26.69%	-12.95%	58.79%	27.34%	36.99%	26.80%	46.15%

资料来源：同花顺

美的集团业绩波动较大，近八年平均净利润同比增长率为42%，2013年上市缺少扣非净利润同比增长率数据（见表7-5）。

表7-5 美的集团业绩增速

时间 科目	2017年	2016年	2015年	2014年	2013年	2012年	2011年	2010年
净利润（元）	172.84亿	146.84亿	127.07亿	105.02亿	53.17亿	32.59亿	34.73亿	37.46亿
净利润同比增长率	17.70%	15.56%	20.99%	97.50%	63.15%	-6.14%	-7.29%	132.45%
扣非净利润（元）	156.14亿	134.93亿	109.11亿	94.77亿	39.03亿	—	—	—
扣非净利润同比增长率	15.72%	23.66%	15.14%	142.79%	—	—	—	—

资料来源：同花顺

青岛海尔业绩勉强稳定，近八年平均净利润同比增长率为

24%，近八年平均扣非净利润同比增长率为25%（见表7-6）。

表7-6 青岛海尔业绩增速

时间 科目	2017年	2016年	2015年	2014年	2013年	2012年	2011年	2010年
净利润（元）	69.26亿	50.42亿	43.04亿	53.38亿	41.74亿	32.69亿	26.90亿	22.40亿
净利润同比增长率	37.37%	17.15%	-19.37%	27.88%	27.67%	21.54%	20.09%	61.91%
扣非净利润（元）	56.24亿	43.32亿	36.75亿	43.24亿	37.59亿	31.77亿	24.38亿	18.29亿
扣非净利润同比增长率	29.81%	17.89%	-15.01%	15.03%	18.32%	30.31%	33.29%	71.39%

资料来源：同花顺

4. 护城河与管理层。

老板电器与方太集团都是优秀的企业，老板电器的前身是1979年浙江余杭的一家村办集体企业，而后在创始人任建华的带领下，几十年打拼成长，成了如今的行业龙头，2010年上市，股票代码002508。

任富佳，作为老板电器创始人任建华的独子，生于1983年，在2006年23岁时开始工作，担任过老板电器市场部产品经理、研发中心副总经理、老板家电副总经理、老板电器副董事长、副总经理。2013年12月，30岁的任富佳从父亲任建华手中接过了老板电器总经理的职务。

方太集团始建于1996年，专注于集成厨房、吸油烟机、燃气灶具、电磁灶具、消毒碗柜、燃气热水器等几个领域；创始人为茅忠群。

1996年成立的方太集团,1988年老板电器改制,两者在厨电行业纠缠了几十年,难解难分。

通过厨电行业的市场占有份额可以得出,老板电器是大消费领域厨电这一细分行业龙头之一,他最大的竞争对手是方太电器;2017年方太集团正式宣布销售收入突破100亿元(不含税),老板电器2017年度总营收为70亿元。

可惜的是方太集团没有上市,缺少详细的研究资料与买入机会,老板电器与方太集团的关系类似于格力电器与美的集团在大家电行业的双寡头竞争格局,以及伊利与蒙牛在乳制品行业的双寡头竞争格局。

当人们要买空调,第一印象往往是格力与美的,买乳制品,第一印象往往是伊利与蒙牛,买吸油烟机或者燃气灶,第一印象往往是老板与方太。

人们喝奶认品牌,因为大品牌意味着安全;购买家电产品同样如此,贵点不要紧,但一定要保证安全。所以大消费行业最重要的"护城河"就是以好的产品,通过优秀的宣传,在消费者头脑中的占据位置,以及制造口口相传的好口碑。

销售渠道模式可以磨合改善,但如果产品不好,再好的销售渠道都会大打折扣。为此我咨询过身边的亲朋好友,无论是一二线城市,还是三四线城市,大家谈论起厨电,首先想到的是买放心的大品牌,老板、方太、美的等一众专业品牌。

5. 货币资金与负债。

到了这里,我们较为详细地了解了老板电器的相关背景,下面深入探讨的就是财报数据了。

根据定量分析章节中的内容,我们接下来要分析上市公司的几大重要财务指标,货币资金与负债率、应收付款项、现金流、毛利率、净利率、净资产收益率。通过财报或者同花顺 F10 给出的财务分析,首先观察老板电器的货币资金与负债情况(见表7-7)。

表7-7 老板电器货币资金与负债

时间 科目	2017年	2016年	2015年	2014年	2013年	2012年	2011年	2010年
货币资金(元)	25.82亿	34.48亿	23.23亿	16.07亿	12.80亿	11.20亿	10.23亿	10.75亿
负债合计(元)	26.69亿	22.90亿	18.60亿	11.44亿	7.61亿	5.91亿	4.09亿	3.13亿
资产负债比率	33.67%	35.70%	37.01%	31.56%	27.15%	25.36%	21.33%	18.60%
长期借款	—	—	—	—	—	—	—	—
短期借款(元)	—	—	—	—	—	—	—	—

资料来源:同花顺

老板电器 2017 年度货币资金 25.82 亿元/负债合计 26.69 亿元 = 96.74%,比例略微小于 1;通过表可以看出,老板电器 2012 年至 2016 年货币资金都稳定覆盖负债合计。

2012 年度老板电器的负债比率为 25%,2017 年度为 33%,虽然有所增长,但十分稳定,重点在于老板电器没有长期借款与短期借款,负债的增长是因为企业的壮大,正常经营中产生的无息流动性负债。

由于方太集团没有上市,缺少数据资料,我们对比华帝股份的货币资金与负债情况,历年来都是负债远大于货币资金(见表7-8)。

表 7-8　华帝股份货币资金与负债

时间 科目	2017 年	2016 年	2015 年	2014 年	2013 年	2012 年	2011 年	2010 年
货币资金（元）	6.53 亿	11.10 亿	3.79 亿	4.29 亿	4.00 亿	4.44 亿	3.20 亿	3.95 亿
负债合计（元）	19.49 亿	17.99 亿	12.05 亿	11.36 亿	10.94 亿	9.45 亿	6.74 亿	6.01 亿
资产负债比率	46.28%	50.05%	43.41%	43.07%	46.26%	48.18%	54.63%	55.66%
长期借款（元）	—	—	—	—	—	—	—	—
短期借款（元）	0.20 亿	0.16 亿	0.31 亿	0.31 亿	0.20 亿	0.80 亿	0.40 亿	0.30 亿

资料来源：同花顺

华帝股份的负债比率保持稳定，大于老板电器，2017 年度为 46.28%，同时有少量的短期借款；老板电器的货币资金与负债情况要优于华帝股份。

既然华帝股份 2017 年度货币资金不能覆盖总负债，有必要关注一下行业巨头的情况；格力电器 2017 年度的货币资金不能覆盖总负债，比率为 67.24%，同时拥有短期借款 186.46 亿元（见表 7-9）。

表 7-9　格力电器货币资金与负债

时间 科目	2017 年	2016 年	2015 年	2014 年	2013 年	2012 年	2011 年	2010 年
货币资金（元）	996.10 亿	957.54 亿	888.20 亿	545.46 亿	385.42 亿	289.44 亿	160.41 亿	151.66 亿
负债合计（元）	1481.33 亿	1274.22 亿	1131.31 亿	1110.99 亿	983.46 亿	799.87 亿	668.34 亿	515.93 亿
资产负债比率	68.91%	69.88%	69.96%	71.11%	73.47%	74.36%	78.43%	78.64%
长期借款（元）	—	—	—	22.59 亿	13.75 亿	9.84 亿	25.82 亿	18.54 亿
短期借款（元）	186.46 亿	107.01 亿	62.77 亿	35.79 亿	33.17 亿	35.21 亿	27.39 亿	19.00 亿

资料来源：同花顺

美的集团 2017 年度的货币资金不能覆盖总负债，比率为 29.22%，同时拥有长期借款 329.86 亿元与短期借款 25.84 亿元（见表 7-10）。

表 7-10 美的集团货币资金与负债

时间 科目	2017 年	2016 年	2015 年	2014 年	2013 年	2012 年	2011 年	2010 年
货币资金（元）	482.74 亿	271.69 亿	118.62 亿	62.03 亿	155.74 亿	134.36 亿	127.46 亿	94.05 亿
负债合计（元）	1651.82 亿	1016.24 亿	728.10 亿	745.61 亿	578.65 亿	545.71 亿	602.00 亿	484.12 亿
资产负债比率	66.58%	59.57%	56.51%	61.98%	59.69%	62.20%	66.63%	68.22%
长期借款（元）	329.86 亿	22.54 亿	0.90 亿	0.19 亿	7.11 亿	23.88 亿	33.13 亿	22.71 亿
短期借款（元）	25.84 亿	30.24 亿	39.21 亿	60.71 亿	88.72 亿	50.82 亿	58.69 亿	51.11 亿

资料来源：同花顺

青岛海尔 2017 年度的货币资金不能覆盖总负债，比率为 33.59%，同时拥有长期借款 160.36 亿元与短期借款 108.79 亿元（见表 7-11）。

表 7-11 青岛海尔货币资金与负债

时间 科目	2017 年	2016 年	2015 年	2014 年	2013 年	2012 年	2011 年	2010 年
货币资金（元）	351.77 亿	235.82 亿	247.57 亿	312.25 亿	206.41 亿	162.84 亿	128.90 亿	104.45 亿
负债合计（元）	1047.13 亿	937.89 亿	435.19 亿	504.26 亿	410.62 亿	342.62 亿	282.21 亿	214.46 亿
资产负债比率	69.13%	71.37%	57.34%	61.18%	67.23%	68.95%	70.95%	67.58%

(续)

时间 科目	2017 年	2016 年	2015 年	2014 年	2013 年	2012 年	2011 年	2010 年
长期借款（元）	160.36亿	155.31亿	2.97亿	—	—	0.60亿	—	1.15亿
短期借款（元）	108.79亿	181.66亿	18.73亿	22.92亿	11.74亿	10.98亿	11.44亿	8.96亿

资料来源：同花顺

通过对比可以发现，老板电器的货币资金与负债情况非常优秀，没有任何借款，且负债率是最低的，同行业中的巨头们也不能保证货币资金可以覆盖总负债。

6. 应收款项。

通过同花顺 F10 梳理出的报表数据可以发现，老板电器的应收款项是逐年增长的，是随着每年营收增长发生的正常现象。其中应收票据仅在 2017 年度大幅度增长，我们回顾一下第三章第二节中的内容：应收票据分为银行承兑汇票与商业承兑，银行承兑是由银行承诺兑现的，要远远优于商业承兑。其次就是应收账款。最后是其他应收款，一些其他与主业无关的应收款项通通放在这里（见表 7-12）。

表 7-12 老板电器总营收与应收款项

（单位：元）

时间 科目	2017 年	2016 年	2015 年	2014 年	2013 年	2012 年	2011 年	2010 年
营业总收入	70.17亿	57.95亿	45.43亿	35.89亿	26.54亿	19.63亿	15.34亿	12.32亿
应收票据	10.08亿	6.38亿	6.14亿	4.83亿	3.78亿	3.15亿	1.75亿	1.25亿
应收账款	3.71亿	3.32亿	3.20亿	3.04亿	2.10亿	1.41亿	1.28亿	0.86亿
其他应收款	0.51亿	0.14亿	0.11亿	0.11亿	0.07亿	0.07亿	0.05亿	0.03亿

资料来源：同花顺

通过搜索财报应收票据，可以得知老板电器的应收票据95%都是银行承兑，所以哪怕2017年度老板电器的应收票据大幅度增长，也是没有问题的；同时应收账款与其他应收款都较为稳定（见表7-13）。

表7-13 老板电器应收票据分类

（单位：元）

项　　目	期末余额	期初余额
银行承兑票据	959 580 772.25	536 933 678.70
商业承兑票据	48 369 917.47	100 595 561.71
合计	1 007 950 689.72	637 529 240.41

老板电器2017年度（应收票据10.08亿元+应收账款3.71亿元+其他应收款0.51亿元=14.3亿元）/总营收70.17亿元=20.38%。

如果得出的数据小于30%，可以说明企业是非常健康的，所提供的产品或者服务是非常优秀的；50%是一条较为危险的红线。老板电器的经营非常稳健。

华帝股份的应收款项目同样较为稳定，（应收票据5.67亿元+应收账款3.94亿元+其他应收款0.22亿元=9.83亿元）/总营收57.31亿元=17.15%，也已经十分优秀了（见表7-14）。

表7-14 华帝股份总营收与应收款项

（单位：元）

科目 \ 时间	2017年	2016年	2015年	2014年	2013年	2012年	2011年	2010年
营业总收入	57.31亿	43.95亿	37.20亿	42.30亿	37.09亿	24.88亿	20.39亿	16.36亿
应收票据	5.67亿	3.77亿	2.33亿	2.27亿	2.91亿	1.63亿	1.13亿	0.39亿
应收账款	3.94亿	2.64亿	3.58亿	3.04亿	1.53亿	1.38亿	0.78亿	0.53亿
其他应收款	0.22亿	0.23亿	0.20亿	0.26亿	0.37亿	0.25亿	0.20亿	0.23亿

资料来源：同花顺

捎带关注一下家电巨头们的情况，格力电器 2017 年度（应收票据 322.56 亿元 + 应收账款 58.14 亿元 + 其他应收款 2.53 亿元 = 383.23 亿元）/总营收 1500.2 亿元 = 25.55%（见表 7-15）。

表 7-15　格力电器总营收与应收款项

(单位：元)

时间 科目	2017 年	2016 年	2015 年	2014 年	2013 年	2012 年	2011 年	2010 年
营业总收入	1500.20 亿	1101.13 亿	1005.64 亿	1400.05 亿	1200.43 亿	1001.10 亿	835.17 亿	608.07 亿
应收票据	322.56 亿	299.63 亿	148.80 亿	504.81 亿	462.97 亿	342.92 亿	336.65 亿	220.56 亿
应收账款	58.14 亿	28.24 亿	28.79 亿	26.61 亿	18.49 亿	14.75 亿	12.27 亿	11.99 亿
其他应收款	2.53 亿	2.45 亿	2.54 亿	3.81 亿	3.46 亿	2.90 亿	6.34 亿	3.12 亿

资料来源：同花顺

美的集团 2017 年度（应收票据 108.54 亿元 + 应收账款 175.29 亿元 + 其他应收款 26.58 亿元 = 310.41 亿元）/总营收 2419.19 亿元 = 12.83%，竞争力优秀（见表 7-16）。

表 7-16　美的集团总营收与应收款项

(单位：元)

时间 科目	2017 年	2016 年	2015 年	2014 年	2013 年	2012 年	2011 年	2010 年
营业总收入	2419.19 亿	1598.42 亿	1393.47 亿	1423.11 亿	1212.65 亿	1027.13 亿	1341.16 亿	1102.63 亿
应收票据	108.54 亿	74.27 亿	128.89 亿	170.97 亿	141.51 亿	123.86 亿	102.66 亿	55.54 亿
应收账款	175.29 亿	134.55 亿	103.72 亿	93.62 亿	79.28 亿	98.65 亿	99.03 亿	69.11 亿
其他应收款	26.58 亿	11.40 亿	11.01 亿	11.81 亿	10.25 亿	11.21 亿	25.09 亿	21.84 亿

资料来源：同花顺

青岛海尔 2017 年度（应收票据 130.33 亿元 + 应收账款 124.48 亿元 + 其他应收款 9.61 亿元 = 264.42 亿元）/总营收 1592.54 亿元 = 16.60%，竞争力优秀（见表 7-17）。

表 7-17 青岛海尔总营收与应收款项

(单位：元)

时间 科目	2017 年	2016 年	2015 年	2014 年	2013 年	2012 年	2011 年	2010 年
营业总收入	1592.54 亿	1191.32 亿	897.97 亿	969.30 亿	866.06 亿	798.57 亿	738.53 亿	646.95 亿
应收票据	130.33 亿	137.97 亿	126.74 亿	164.74 亿	157.11 亿	110.04 亿	79.39 亿	73.57 亿
应收账款	124.48 亿	122.65 亿	60.46 亿	67.36 亿	43.27 亿	41.97 亿	30.91 亿	23.83 亿
其他应收款	9.61 亿	11.80 亿	5.45 亿	6.05 亿	2.82 亿	2.67 亿	2.80 亿	1.67 亿

资料来源：同花顺

7. 现金流。

企业的生存，现金流为王。

老板电器 2010—2016 年度经营现金流净额都是稳定增长的（见表 7-18），2017 年度同比下滑 18.71%，同时 2017 年度投资现金流净额大幅度增长。

我们回顾一下第三章第五节的内容，并不是所有的现金流都是正数才是最好的：投资现金流净额为正，大概率说明该企业是在收缩，没有扩大生产业务的活动；筹资现金流净额为正，说明能从市场里筹到资金。

老板电器 2017 年度投资现金流净额大幅增长 8 倍，说明该企业这一年正在扩张中，看数额表现得较为激进。

表 7-18　老板电器净利润与现金流

（单位：元）

时间 科目	2017年	2016年	2015年	2014年	2013年	2012年	2011年	2010年
净利润	14.61亿	12.07亿	8.30亿	5.74亿	3.86亿	2.68亿	1.87亿	1.34亿
经营现金流量净额	12.56亿	15.45亿	11.24亿	6.59亿	3.23亿	3.24亿	1.37亿	1.21亿
投资现金流量净额	-17.82亿	-1.98亿	-3.06亿	-2.06亿	-0.87亿	-1.96亿	-1.42亿	-0.37亿
筹资现金流量净额	-3.49亿	-2.26亿	-1.01亿	-1.28亿	-0.77亿	-0.32亿	-0.48亿	8.15亿

资料来源：同花顺

老板电器2017年度经营现金流净额12.56亿元/净利润14.61亿元=86%，略微遗憾的是经营现金流净额没有大于净利润，看历史表现，八年时间中有四年经营现金流净额没有大于净利润，老板电器还需努力。

华帝股份2017年度经营现金流净额同比下滑55%，幅度远高于老板电器的19%；再看华帝股份2017年度投资现金流净额大幅下滑56%，说明该企业这一年同样在激进的扩张中（见表7-19）。同行是冤家，老板电器与华帝股份2017年度自由现金流净额都在下滑，由此我们可以得出一条结论，2017年厨电行业似乎有些寒冷，同行之间都在激烈争夺市场份额！

华帝股份2017年度经营现金流净额3.69亿元/净利润5.1亿元=72%，比率略小于老板电器。

表7-19 华帝股份净利润与现金流

(单位：元)

时间 科目	2017年	2016年	2015年	2014年	2013年	2012年	2011年	2010年
净利润	5.10亿	3.28亿	2.08亿	2.81亿	2.24亿	1.59亿	1.39亿	1.21亿
经营现金流量净额	3.69亿	8.18亿	2.70亿	3.06亿	2.69亿	1.97亿	1.01亿	2.19亿
投资现金流量净额	-7.10亿	0.13亿	-1.88亿	-2.46亿	-2.81亿	-0.05亿	-1.07亿	0.05亿
筹资现金流量净额	-1.06亿	-1.17亿	-1.45亿	-0.41亿	-0.19亿	-0.66亿	-0.55亿	-0.27亿

资料来源：同花顺

格力电器2017年度经营现金流净额163.59亿元/净利润224.02亿元=73%（见表7-20）。

表7-20 格力电器净利润与现金流

(单位：元)

时间 科目	2017年	2016年	2015年	2014年	2013年	2012年	2011年	2010年
净利润	224.02亿	154.64亿	125.32亿	141.55亿	108.70亿	73.80亿	52.37亿	42.76亿
经营现金流量净额	163.59亿	148.60亿	443.78亿	189.39亿	129.70亿	184.09亿	33.56亿	6.16亿
投资现金流量净额	-622.53亿	-192.47亿	-47.13亿	-28.62亿	-21.86亿	-42.13亿	-27.67亿	-18.87亿
筹资现金流量净额	-22.69亿	-57.52亿	-76.83亿	-18.64亿	-24.24亿	8.15亿	-7.95亿	-14.15亿

资料来源：同花顺

美的集团2017年度经营现金流净额244.43亿元/净利润172.84亿元=141%！非常有力的数据（见表7-21）。

表7-21 美的集团净利润与现金流

（单位：元）

时间 科目	2017年	2016年	2015年	2014年	2013年	2012年	2011年	2010年
净利润	172.84亿	146.84亿	127.07亿	105.02亿	53.17亿	32.59亿	34.73亿	37.46亿
经营现金流量净额	244.43亿	266.95亿	267.64亿	247.89亿	100.54亿	80.90亿	41.06亿	42.67亿
投资现金流量净额	-347.40亿	-197.81亿	-179.89亿	-288.62亿	-4.67亿	-39.97亿	-89.30亿	-67.47亿
筹资现金流量净额	196.52亿	1.60亿	-88.77亿	-74.10亿	-53.64亿	-49.00亿	102.59亿	41.57亿

资料来源：同花顺

青岛海尔2017年度经营现金流净额160.87亿元/净利润69.26亿元=232%！大吃一惊的数据（见表7-22）。

表7-22 青岛海尔净利润与现金流

（单位：元）

时间 科目	2017年	2016年	2015年	2014年	2013年	2012年	2011年	2010年
净利润	69.26亿	50.42亿	43.04亿	53.38亿	41.74亿	32.69亿	26.90亿	22.40亿
经营现金流量净额	160.87亿	81.36亿	56.04亿	67.69亿	65.11亿	55.19亿	62.00亿	59.57亿
投资现金流量净额	-56.22亿	-396.26亿	-102.73亿	-36.39亿	-13.82亿	-11.81亿	-45.12亿	-30.32亿
筹资现金流量净额	-13.73亿	-46.84亿	-17.35亿	9.23亿	-12.38亿	-5.04亿	-9.85亿	298.50亿

资料来源：同花顺

8. 毛利率。

2010年至2017年老板电器的毛利率十分稳定，平均值为55%。

回顾第三章第六节的内容:通过毛利率对比企业的费用支出,同样可以获得一条非常重要的指标。

老板电器2017年度(管理费用4.81亿元+销售费用16.78亿元+财务费用-0.92亿元)/(营业总收入70.17亿元×毛利率54%)=55%(见表7-23)。

表7-23 老板电器总营收等相关数据

时间 科目	2017年	2016年	2015年	2014年	2013年	2012年	2011年	2010年
营业总收入(元)	70.17亿	57.95亿	45.43亿	35.89亿	26.54亿	19.63亿	15.34亿	12.32亿
销售毛利率	53.68%	57.31%	58.17%	56.55%	54.44%	53.58%	52.48%	54.60%
管理费用(元)	4.81亿	4.49亿	3.54亿	2.68亿	2.10亿	1.62亿	1.13亿	0.90亿
销售费用(元)	16.78亿	15.45亿	13.53亿	11.15亿	7.98亿	5.99亿	4.88亿	4.21亿
财务费用(元)	-0.92亿	-0.79亿	-0.66亿	-0.43亿	-0.36亿	-0.29亿	-0.24亿	-0.03亿

资料来源:同花顺

这条公式的内在逻辑可以充分对比出上市公司所提供产品或者服务的竞争力,如果上市公司所提供产品或者服务所带来的营收,是依靠销售或者研发费用来支撑的话,还是说明没有足够强的竞争力。

此条公式的结果在30%以内,说明上市公司所提供的产品或者服务非常优秀,70%是一条红线。

老板电器的数据为55%,有16.78亿元的销售费用,说明营收还需要庞大的销售力量来完成。

再看一下华帝股份,华帝股份2010年至2017年毛利率呈现出逐年增长的态势,平均值为37%(见表7-24)。

表 7-24　华帝股份总营收等相关数据

时间＼科目	2017年	2016年	2015年	2014年	2013年	2012年	2011年	2010年
营业总收入（元）	57.31亿	43.95亿	37.20亿	42.30亿	37.09亿	24.88亿	20.39亿	16.36亿
销售毛利率	45.47%	42.54%	38.56%	36.35%	35.96%	33.21%	33.51%	35.36%
管理费用（元）	3.78亿	3.29亿	2.97亿	3.15亿	2.97亿	1.81亿	1.56亿	1.17亿
销售费用（元）	16.00亿	11.38亿	8.99亿	8.92亿	7.61亿	4.54亿	3.71亿	3.27亿
财务费用（元）	-0.32亿	-0.20亿	-0.22亿	-0.12亿	-0.05亿	-0.04亿	-0.04亿	0.01亿

资料来源：同花顺

2017 年度（管理费用 3.78 亿元 + 销售费用 16 亿元 + 财务费用 -0.32 亿元）/（营业总收入 57.31 亿元 × 毛利率 45%）= 76%；对比老板电器，高下立判。

格力电器近八年平均毛利率为 29%；2017 年度（管理费用 60.71 亿元 + 销售费用 166.6 亿元 + 财务费用 4.31 亿元）/（营业总收入 1500.2 亿元 × 毛利率 33%）= 47%（见表 7-25）。

表 7-25　格力电器总营收等相关数据

时间＼科目	2017年	2016年	2015年	2014年	2013年	2012年	2011年	2010年
营业总收入（元）	1500.20亿	1101.13亿	1005.64亿	1400.05亿	1200.43亿	1001.10亿	835.17亿	608.07亿
销售毛利率	32.86%	32.70%	32.46%	36.10%	32.24%	26.29%	18.07%	21.55%
管理费用（元）	60.71亿	54.86亿	50.49亿	48.18亿	50.86亿	40.56亿	27.83亿	19.78亿
销售费用（元）	166.60亿	164.77亿	155.06亿	288.90亿	225.09亿	146.26亿	80.50亿	84.10亿
财务费用（元）	4.31亿	-48.45亿	-19.29亿	-9.42亿	-1.33亿	-4.61亿	-4.53亿	-3.09亿

资料来源：同花顺

美的集团毛利率稳定增长，近八年平均毛利率为23%；2017年度（管理费用147.80亿元+销售费用267.39亿元+财务费用8.16亿元）/（营业总收入2419.19亿元×毛利率25%）=70%（见表7-26）。

表7-26 美的集团总营收等相关数据

时间 科目	2017年	2016年	2015年	2014年	2013年	2012年	2011年	2010年
营业总收入（元）	2419.29亿	1598.42亿	1393.47亿	1423.11亿	1212.65亿	1027.13亿	1341.76亿	1102.63亿
销售毛利率	25.03%	27.31%	25.84%	25.41%	23.28%	22.56%	19.12%	18.00%
管理费用（元）	147.80亿	96.21亿	74.42亿	74.98亿	67.33亿	59.26亿	51.98亿	47.22亿
销售费用（元）	267.39亿	176.78亿	148.00亿	147.34亿	124.32亿	93.90亿	116.30亿	90.90亿
财务费用（元）	8.16亿	-10.06亿	1.39亿	2.51亿	5.64亿	8.07亿	14.49亿	7.83亿

资料来源：同花顺

青岛海尔毛利率稳定增长，近八年平均毛利率为26%；2017年度（管理费用111.33亿元+销售费用282.76亿元+财务费用13.93亿元）/（营业总收入1592.54亿元×毛利率31%）=82%（见表7-27）。

表7-27 青岛海尔总营收等相关数据

时间 科目	2017年	2016年	2015年	2014年	2013年	2012年	2011年	2010年
营业总收入（元）	1592.54亿	1191.32亿	897.97亿	969.30亿	866.06亿	798.57亿	738.53亿	646.95亿
销售毛利率	31.00%	31.02%	27.96%	27.52%	25.32%	25.24%	23.62%	23.38%

(续)

时间 科目	2017年	2016年	2015年	2014年	2013年	2012年	2011年	2010年
管理费用（元）	111.33亿	84.04亿	65.54亿	68.13亿	54.79亿	51.89亿	40.60亿	35.10亿
销售费用（元）	282.76亿	212.54亿	131.08亿	125.80亿	103.07亿	96.29亿	91.10亿	78.95亿
财务费用（元）	13.93亿	7.20亿	-5.14亿	-2.57亿	-0.46亿	-0.22亿	1.17亿	0.22亿

资料来源：同花顺

9. 净利率。

净利率是对于毛利率的再确认，为了方便统计可以做一张表格，将老板电器、华帝股份、格力电器、美的集团、青岛海尔近八年的净利率数据进行对比，看是否稳定（见表7-28）。

表7-28 家电行业净利率统计对比

上市公司	时间 科目	2017年	2016年	2015年	2014年	2013年	2012年	2011年	2010年	近八年平均值
老板电器	销售净利率	20.82%	20.83%	18.23%	15.82%	14.23%	13.37%	12.19%	10.91%	15.80%
华帝股份	销售净利率	9.19%	7.77%	5.85%	6.86%	6.19%	6.62%	7.01%	7.55%	7.13%
格力电器	销售净利率	15.18%	14.33%	12.91%	10.35%	9.22%	7.50%	6.37%	7.12%	10.37%
美的集团	销售净利率	7.73%	9.97%	9.84%	8.22%	6.86%	5.99%	4.95%	6.17%	7.47%
青岛海尔	销售净利率	5.68%	5.62%	6.60%	7.54%	6.42%	5.46%	4.95%	4.66%	5.87%

资料来源：同花顺

通过对比，投资者可以清晰地发现，2017年老板电器的净利率最高，其次是格力电器，华帝股份净利率仅有9.19%。

10. 净资产收益率对比。

净资产收益率的重要性不言而喻，该指标从股东的角度衡量企业对于股东的资金投入的使用效率，该指标越高，说明股东投入资金的收入越高。

由于美的集团只有近五年的该数据，只算近五年的平均值。通过对比会发现，格力电器的平均值最高，保持在33.51%，17年度为37.44%；其次为老板电器31.66%（见表7-29）。

表7-29 家电行业净资产收益率统计对比

上市公司	时间科目	2017年	2016年	2015年	2014年	2013年	2012年	2011年	2010年	近八年平均值
老板电器	净资产收益率	31.66%	33.38%	29.10%	25.55%	20.57%	16.65%	13.01%	25.82%	24.47%
华帝股份	净资产收益率	26.10%	20.22%	13.90%	20.95%	20.60%	26.89%	28.05%	28.47%	23.15%
格力电器	净资产收益率	37.44%	30.41%	27.31%	35.23%	35.77%	31.38%	34.00%	36.51%	33.51%
美的集团	净资产收益率	25.88%	26.88%	29.06%	29.49%	24.87%	—	—	—	27.24%
青岛海尔	净资产收益率	23.59%	20.41%	16.22%	27.58%	32.84%	33.78%	31.33%	24.28%	26.25%

资料来源：同花顺

11. 全数据对比。

到了这里，我们将老板电器与同行之间的重要财务数据充分对比，还是以表格的形式将数据罗列对比，会发现同行业上市公司的经营情况将会更加清晰（见表7-30）。

表7-30 家电行业数据全面对比

上市公司	扣非净利润同比增长率	货币资金与负债比率	营收与应收款比率	净利润与现金流比率	费用与毛利润比率	毛利率	净利率	净资产收益率
老板电器	23.00%	96.00%	20.00%	85.00%	54.00%	54.00%	20.82%	31.66%
华帝股份	58.00%	46.00%	26.00%	72.00%	75.00%	45.00%	9.19%	26.10%
格力电器	36.00%	67.00%	25.00%	73.00%	48.00%	33.00%	15.18%	37.44%
美的集团	16.00%	29.00%	13.00%	141.00%	69.00%	25.00%	7.73%	25.88%
青岛海尔	30.00%	36.00%	17.00%	232.00%	82.00%	31.00%	5.68%	23.59%

资料来源：同花顺

投资是一门艺术，没有具体标准，投资是没有固定的计算公式，但不意味着投资者不需要计算公式，投资者所要做的是尽可能地计算出确定的数据；数据会自己说话，投资者投入的是真金白银，买入标的不可以仅仅依靠直觉与概念。

而统计这些数据也并不困难，诚如彼得·林奇所言，投资所需要的数学知识，在小学四年级就已经学会了。

老板电器在各项重要指标中都表现得非常出色，绝不超出红线。

12. 邓普顿估值法。

老板电器2017年度净利润14.61亿元，同比增长率为21.04%，近八年平均净利润同比增长率44%，2017年第四季度至2018年第三季度净利润总和为15亿元，考虑到老板电器2018年业绩出现下滑，为老板电器的未来净利润增速打个折扣，预期为 10%。

老板电器总市值 190 亿元/未来五年后净利润 19 亿元 = 10 倍滚动市盈率；虽然 10% 的业绩增速是保守预计，远高于邓普顿估值法 5 倍市盈率。但如果给出预期 15% 的增速，结论是 6.5 倍滚动市盈率。同时我们还有估值线以及仓位管理办法；此刻估值线与仓位管理最大的好处就体现出来了。根据估值线加仓，主动买入，慢慢地抄底，同时锁定好股票，最重要的是，老板电器的整体数据是优秀的，经历过戴维斯双杀的残酷洗礼，低市盈率已经反映出了低预期，股价的低估值是在低业绩增长的基础上产生的。

华帝股份 2017 年度净利润 5.1 亿元，同比增长率为 55.60%，近八年平均净利润同比增长率 38.09%，2017 年第四季度至 2018 年第三季度净利润总和为 6.4 亿元，考虑到 2018 年前三季度业绩出色，预期净利润增速 15%。华帝股份总市值 77 亿元/未来五年后净利润 13 亿元 = 6 倍滚动市盈率；接近邓普顿估值法 5 倍市盈率标准。

格力电器 2017 年度净利润 224.02 亿元，同比增长率为 44.87%，近八年平均净利润同比增长率为 30.56%，2017 年第四季度至 2018 年第三季度净利润总和为 281 亿元，考虑到 2018 年前三季度业绩出色，预期净利润增速 15%。格力电器总市值 2300 亿元/未来五年后净利润 565 亿元 = 4.1 倍滚动市盈率；非常诱人的数据。

美的集团 2017 年度净利润 172.84 亿元，同比增长率为

17.70%，近八年平均净利润同比增长率为41.74%，2017年第四季度至2018年第三季度净利润总和为202亿元，预期净利润增速15%。美的总市值2600亿元/未来五年后净利润406亿元 = 6.4倍滚动市盈率；接近邓普顿估值法5倍市盈率标准。

青岛海尔2017年度净利润69.26亿元，同比增长率为37.37%，近八年平均净利润同比增长率为24.24%，2017年第四季度至2018年第三季度净利润总和为75亿元，考虑到2018年前三季度业绩出色，预期净利润增速15%。青岛海尔总市值820亿元/未来五年后净利润151亿元 = 5.4倍市盈率；接近邓普顿估值法5倍市盈率标准。

通过对比可以发现，由于老板电器的2018年度业绩不尽如人意，我们给出了10%净利润增速的保守预测，估值情况不算乐观，倒是意外地发现了格力电器的出色估值情况。

13. 总报酬率估值法

老板电器：（预期净利润增长率10% + 股息率3%）×100/市盈率12 = 总报酬率1.08；

华帝股份：（预期净利润增长率15% + 股息率2%）×100/市盈率12 = 总报酬率1.4；

格力电器：（预期净利润增长率15% + 股息率4.5%）×100/市盈率9 = 总报酬率2.16；

美的集团：（预期净利润增长率15% + 股息率2.8%）×100/市盈率13 = 总报酬率1.37；

青岛海尔：（预期净利润增长率15% + 股息率2.3%）×100/

市盈率 12 = 总报酬率 14.42。

相同的情况，由于对老板电器净利润增速 10% 的保守预测，它的总报酬率是最低的，格力电器依旧是一只大白马股。

14. 估值线交易策略

我习惯运用一则简单计算公式，固定资产/总资产比例超过 40%，就是重资产型企业。

如图 7-3 所示，根据第二季度财报内容，老板电器的固定资产 8.34 亿元/总资产 89.8 亿元 =9%，远小于 40% 这一数据。

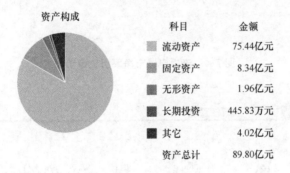

图 7-3　老板电器资产构成表

同时，通过老板电器的高毛利、高净资产收益率，都可以将其定性为轻资产型上市公司，用市净率估值法辅助估值。

如图 7-4 所示，老板电器近八年市净率最高点为 17 倍，最低点为 2.5 倍，3.5 倍时可建仓。

如图 7-5 所示，老板电器近八年滚动市盈率最高点为 50 倍，最低点为 12 倍，当前 12 倍，位于历史最低位，低估值可建仓。

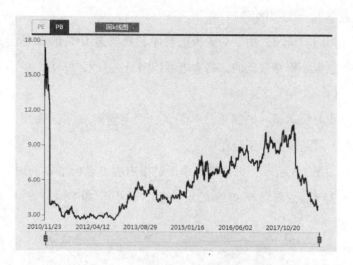

图7-4 老板电器市净率历史走势图

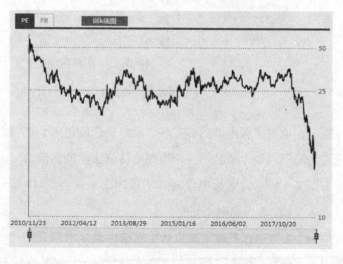

图7-5 老板电器市盈率历史走势图

如图 7-6 所示，家用电器行业近十年滚动市盈率最高点 51 倍，最低点 11.64 倍，2018 年年末在 12 倍左右。

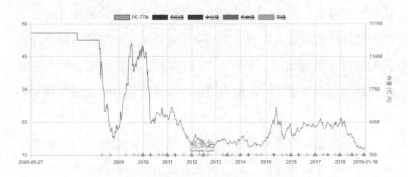

图 7-6　家电行业市盈率历史走势图

华帝股份 2004 年至今滚动市盈率最高点 130 倍，最低点 12 倍，当前 12 倍。

格力电器 1996 年至今滚动市盈率最高点 51 倍，最低点 6.5 倍，当前 8.3 倍。

美的集团 2013 年至今滚动市盈率最高点 23 倍，最低点 9 倍，当前 13.8 倍。

青岛海尔 1993 年至今滚动市盈率最高点 90 倍，最低点 9 倍，当前 10.7 倍。

老板电器的 12 倍与华帝股份、美的集团、青岛海尔相差无几，略高于格力电器。

但此刻老板电器的低估值是在业绩低估时打落的，净利润增长从平均 40% 多到 2018 年第三季度的 5.33%。

所有的上市公司，都会有业绩低谷时期，通过数据分析发现，老板电器的经营与财务是没有问题的，反而是非常优秀的，由此可以得出一条结论，老板电器的业绩低谷期只是暂时的。

通过估值表可以发现，市场更乐意给予老板电器这种高速成长的大白马股高估值，平均在25倍左右，非常稳定，因为它曾经业绩稳定高速增长，市值也更小，少量的认可资金便可推动高估值。

老板电器如今遭遇戴维斯双击，以目前的出色经营与财务状态，重回业绩高速增长，那么将会有戴维斯双击的概率。

我们做最坏的打算，老板电器的业绩不能再回高速增长，就算以平均每年5%的可怜净利润增长，在股价不变的前提下，2019年第三季度还是可以维持在11倍滚动市盈率；2020年第三季度还是可以维持在11倍滚动市盈率；2021年第三季度还是可以维持在10倍滚动市盈率，也并不贵。

所以对于老板电器这拥有巨大行业空间的落难白马股，锦上添花不如雪中送炭。最坏的打算无非是失去高成长，哪怕每年只有5%的净利润增速，这笔买卖也合算。同时，对于老板电器我为最期待的是戴维斯双击，业绩反转，降低估值，股价拉升！

对于老板电器的仓位设定为总仓位的1成，分为4份，建仓与加仓估值线设置如下：

15倍滚动市盈率建0.4成仓位；

12倍滚动市盈率加0.2成仓位；

10倍滚动市盈率加0.2成仓位（预计没有机会）；

8倍滚动市盈率加0.2成仓位（预计没有机会）。

对于老板电器的减仓估值线设置如下：

25倍滚动市盈率减仓老板电器的总仓位的1成，即如果持有10000股，则减仓1000股；

30倍滚动市盈率减仓老板电器剩余总仓位的1成；

35倍滚动市盈率减仓老板电器剩余总仓位的2成；

40倍滚动市盈率减仓老板电器剩余总仓位的2成。

以此类推，如果在25倍滚动市盈率减仓后回到15倍估值，则加仓操作。

其实，我同样买入了格力电器！实际上，在辛苦等待老板电器四年的枯燥时间中，我有些"三心二意"了，但对格力电器是早早地买入，长期持有。

二、经典白马：格力电器

1. 格力电器为什么优秀？

在"雪中送炭：老板电器"的一节中，我们搂草打兔子，同时剖析了同行华帝股份、格力电器、美的集团、青岛海尔的情况。

通过对比我们发现，格力电器同样非常出色，尤其是净资产收益率竟然高达37%，以及拥有非常吸引人的高分红。最差也可以定性为彼得·林奇的稳定增长型上市公司，却同时兼顾了缓慢增长型上市公司的高分红，单论分红数据可以比肩银行股。再加上与行业龙头相差不大的市盈率估值，难以找出不买入的理由。

在我最早的仓位中，就配置有格力电器，这种股票配得上白马称号。

对于格力电器争议最多的就是董事长董明珠女士，她太高调了，霸道与强势常被人诟病，语出惊人，总能引来围观，充满争议。

她敢想敢说敢干，堂堂正正。

2015年股灾，恰逢格力业绩大幅度下滑，股价暴跌，董明珠压上全部身家，越跌越买。相比于A股上市公司董事与高管们变着花样地偷偷摸摸减持，董明珠的堂堂正正万中无一，敢作敢当，是真正将格力电器当作自己的事业来做。

相比于老一辈企业家们要么已经交棒，要么正在交棒的路上，已经64岁的董明珠依旧奋斗在格力的最前沿，压上身家，勇于奋斗，是企业的魂。如今董明珠追求的不是利益，而是真正热爱的事业，以及为之奋斗了一生的格力电器，这亦是A股与投资者所需要的优秀企业家，能创造巨大的价值。

格力电器2018年10月份市值约2334亿元，上市累计分红417亿元。在某次采访中，董明珠直言："说老实话我支持不分红，但我自身也是格力的股东，单作为我个人来讲，更希望分红，因为我不分红，就少了近一个亿的收入，要分红我就可以多拿一个亿，为什么不分？但我不能站在个人受益角度来考虑，得站在企业发展角度去思考，企业可持续发展需要资金的保证，格力现在投资芯片，就是需要钱。"

尽管走过的路有失败，伴随着争议，但不能抹杀格力与董明珠所贡献的业绩；相比于所谓的争议，我更加看重的是业绩。

格力电器是典型的大盘蓝筹股，近十年平均营收同比增长率为 16.59%。近十年平均净利润同比增长率为 34.75%，大于营收说明利润在持续增长。近十年平均扣非净利润同比增长率为 36.52%，大于净利润增速说明利润干干净净，没有乱七八糟的其他因素，来源于主营业务。近十年平均净资产收益率高达 33.19%，该项指标的重要性不言而喻，直接反映股东投入资金的收益。近十年平均销售毛利率为 27.67%，逐年提高，2017 年度为 32.86%。近十年平均销售净利率为 9.46%，逐年提高，2017 年度为 15.18%。

具体数据已经在"雪中送炭：老板电器"一节中详细介绍，格力电器真的不贵。

截至 2018 年 11 月 4 日，格力电器市盈率位于估值线底部，9 倍滚动市盈率，历史最高滚动市盈率 54 倍，最低滚动市盈率 6.5 倍；保守预计净利润增速 15%，股息率 4.6% 堪比银行股。

持有这种高业绩增长的高分红大盘蓝筹股，享受着银行股般的高分红收益，是无比难得的投资享受。

2. 操作策略。

对于格力电器的仓位设定为总仓位的 2 成，分为 4 份，建仓与加仓估值线设置如下：

10 倍滚动市盈率建 0.8 成仓位；

8 倍滚动市盈率加 0.8 成仓位；

6 倍滚动市盈率加 0.4 成仓位（可能没有机会）。

对于减仓估值线设置如下：

20 倍滚动市盈率减仓格力电器的总仓位 1 成，即如果持有 10000 股，则减仓 1000 股；

25 倍滚动市盈率减仓格力电器剩余总仓位的 1 成；

30 倍滚动市盈率减仓格力电器剩余总仓位的 1 成；

35 倍滚动市盈率减仓格力电器剩余总仓位的 2 成。

以此类推，如果在 20 倍滚动市盈率减仓后股价回到 10～15 倍滚动市盈率，则加仓操作。

三、最稳投资：农业银行

1. 农业银行的稳。

投资的第一要求就是安全，正确的投资是在本金安全的前提下进行的，只有保证本金的安全，才有资格谈论盈利。严格意义上来讲，任何偏离这一本质的投资现象，都是在耍流氓。

所以我始终偏爱银行股，投资银行股或许不会令我赚得更多，但会保证我的投资绝对安全，获利绝对稳健，像捡钱一样赚钱。

人们往往随着年纪的增长，越来越保守、厌恶风险。我的父母自然如此，他们对于股票市场的认知很简单：股市与赌博无异！在我的影响下，我的父母买入的第一只股票，都是银行股。

高于债券的股息收益因素只是其一，最重要的是安全。识别安全的投资标的无比简单，就是确认一家上市公司会不会破产、会不会退市。

截至2017年7月，A股约有3300家上市公司，仅有约70家上市公司退市。退市标准低，意味着只要所购买的股票不是44元的乐视网、46元的中国石油、99元的全通教育、123元的暴风集团等，随着每一轮牛市大都会解套。

如果所购买的上市公司破产退市，那就真的血本无归了，可中国大银行会破产退市么？买入银行股，恐怕是一笔最安全的投资了。尤其是在低估值、高股息率时买入，安全且有稳定收益，投资就是可以如此简单。

在第四章第六节我们讨论了市盈率这一指标，作为我投资的关键估值指标；该指标所反映出的是上市公司股价与收益的比率，也可以说是反映了对于上市公司未来的高收益预期。

例如，对科大讯飞，市场始终乐于给出50倍以上的市盈率估值；对A股罕见的"纯正"科技股，市场总是乐于给出很高的预期。但是，以美国苹果公司如此强大的技术实力与盈利能力，同期仅有大约10倍左右的市盈率估值。

科大讯飞50倍的市盈率，农业银行6倍的市盈率，也就是说投资者买入50倍市盈率的科大讯飞，相当于为科大讯飞每1元的净利润支付了50倍的价格，这50倍买来的仅仅是对于未来的预期。但是买入6倍市盈率的农业银行，相当于为农业银行每1元的净利润支付了6倍的价格。

如果科大讯飞与农业银行在未来保持相同的净利润，股价没有波动，同时将净利润全部拿来分红，那么科大讯飞需要50年回本，农业银行仅仅 6 年就可以回本。

  我习惯选择好行业中的优秀上市公司，并以合理的价格为之埋单；但我从来不会奢望所买入的上市公司会有革命性的颠覆创新，以及带来业绩大爆发；因为往往那种市场预期会令投资者在买入时就已经支付了。但银行股不会，实际上低市盈率的上市公司都不会，因为低市盈率上市公司已经充分反映出了市场对于该公司的预期并不高，甚至是悲观的，悲观是好事。

  这样导致了很多投资者对于银行股嗤之以鼻，认为买股票就是买上市公司的未来，殊不知未来是最难预料的，充满了坎坷。

  让我们回顾一下我足足等了三年多的老板电器，一旦业绩不及美好的预期，市场立刻翻脸，出现戴维斯双杀，丝毫不讲任何情面。

  银行股的确没有什么预期，体量太大了，业务具备规模，足够成熟，很难再有较大的成长空间，业绩平稳，与 GDP 相差无几。但不能就此否认银行的价值；也正是因为银行股稳定的低业绩增长才能带来稳定的估值，以及稳定的高分红。

  2. 农业银行质地分析。

  由于银行股的绝对安全，对于银行股，也只需要简单总结一些数据就好。农业银行在 2010 年上市，2010 年至 2017 年近八年间，营业总收入同比平均增长 12.26%、净利润同比平均增长 15.43%、扣非净利润同比平均增长 16.77%、净资产收益率平均为 18.83%、净利率平均为 34.48%；

  如果将农业银行的数据合成为一块砖头，那绝对是一块金砖，可以砸碎太多的普通砖头。并且，在估值表的章节中，我们还做出了银行业的估值表；依据五家国有银行、八家股份制银行的综合数据所制成的银行业估值表，在2018年度中报的数据排名显示，农业银行位列第二名，在此之前农业银行经常位列第一名。

现今互联网巨头公司的各种互联网产品，例如阿里巴巴旗下的余额宝，腾讯旗下的零钱通，疯狂抢夺银行份额。在2018年，余额宝规模便高达1.8万亿元，同期中国银行的个人存款业务在1.8万亿元左右，招商银行个人存款业务在1万亿元左右。

其实银行赚钱非常朴素，一手吸收储户存款，一手放贷；前提是有足够的本金（储户的存款），而几乎所有的银行都在大城市中竞争激烈，抢夺份额。

只有农业银行深耕在县级以下，面向三农，服务三农，这是独有的竞争优势。相比于邮储银行、农村信用社，股份银行也开始争夺县级储户的市场，农业银行早已"下手"多年。

从户籍的角度观察，中国有9亿农民，因为人口登记分为农业户口和非农户口，农业户口的算作农民。

从政府的角度观察，中国有6亿农民，全国总人口约13.7亿人，按照政府的统计标准，在城市连续居住3个月以上，就被统计为城镇常住人口，城镇常住人口约7.7亿人，13.7亿-7.7亿=6亿。

从世界组织的角度观察，中国有3亿农民。因为按照国际惯例，必须真正从事农业生产的人才能算农民。所以从6亿人中减去未满18周岁的未成年人与60岁以上的老人，等于3亿真正的农民。

如此庞大的数量，对农业银行来说足够了。

多年的经济发展、农村建设，让农村面貌天翻地覆，农村的种植补贴、病医保、养老金等相关优惠政策，使得每个家庭都会与农业银行产生联系。有联系，就有业务，那就顺便存上吧。

"吹了"这么久农业银行，还是看几组数据比较踏实。

改革开放40年来，农业银行总资产、存款、贷款规模分别达22.4万亿元、17万亿元和11.8万亿元，比改革开放初期分别增长了320倍、607倍和288倍，ROA、ROE保持行业先进水平。2014年起，金融稳定理事会（FSB）连续四年将农业银行纳入全球系统重要性银行名单。2017年，农业银行位列世界500强第38位，一级资本位列全球1000家银行第6位，市值稳居全球大银行前列；全球银行品牌价值百强中，农行位居前六。

2018年10月1日，农业银行官方正式宣布，截至2018年9月末，该行个人存款余额突破10万亿元，成为全球首家个人存款规模超10万亿元的商业银行！并且，这是在银行业整体个人存款规模下滑的情况下完成的壮举。根据央行公布的中资大型银行人民币信贷收支表数据，2018年8月末的个人存款规模相比6月末的个人存款规模下降1518亿元，其中四大行个人存款规模下降1614亿元。

这足够说明农业银行"三农服务"战略的独特竞争力。

3. 估值分析。

银行业是典型的重资产行业，可以用最简单的市净率估值法进行估值；当上市公司的市净率低于1倍就等于破净，即每股的净资产价值高于每股的市场价格。

2015年股灾后至2018年，A股中有大把的破净银行股，市盈率仅有5~6倍，甚至4倍左右。这意味着买入该银行股后，股价不变，银行保持利润并不难。

根据股息率估值法中的分析，以5%左右的股息率买入农业银行股票后，耐心持有20年的时间，单论股息率的回报便已经等于买入的本金了。其中并不包含股价的上涨所带来的盈利，以及在获取高分红后再买入该股票后的复利回报。

这种投资机会只有在熊市中才会有，往往很多投资者对此视而不见，并没有买入银行股。因为跌怕了，难以忍受熊市中的震荡下跌，以及银行股价过于平稳，不够"刺激"。

如图7-7所示，银行业近十年市净率最低点为0.8倍，最高点6倍，2018年年末为0.83倍。

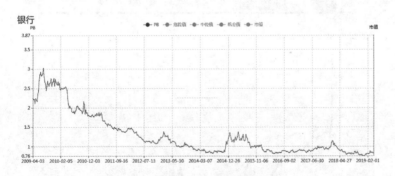

图7-7 银行业历史市净率

如图7-8所示，银行业近十年滚动市盈率最低点为4.46倍，最高点22倍，2018年年末为6.3倍。

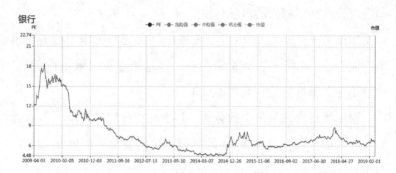

图 7-8　银行业历史市盈率

挑选银行对比，会发现银行亦有疯狂时；2006年至2018年，中国银行市净率最高4.5倍，最低0.77倍。2006年至2018年，中国银行滚动市盈率最高36倍，最低4倍。

如图7-9所示，农业银行2010年至2018年，最低市净率

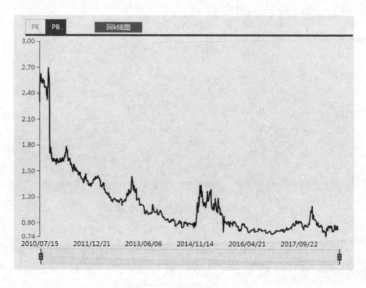

图 7-9　农业银行历史市净率

0.72 倍，最高市净率 2.7 倍。

如图 7-10 所示，农业银行 2010 年至 2018 年，最低市盈率 4.5 倍，最高市盈率 13 倍。由于银行业的业绩稳定，很难出现估值偏离的情况。

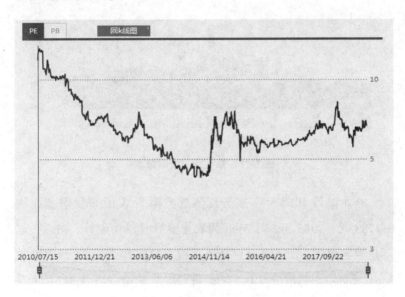

图 7-10　农业银行历史市盈率

如图 7-11 所示，我对于银行股通常使用股息率来进行估值。2011 年至今，银行股最低股息率为 1.05%，最高股息率为 6.45%。

回顾第四章第八节中的内容：2018 年度两期国债利率，第一期期限为三年，票面年利率为 4%，最大发行额为 200 亿元；第二期期限为五年，票面年利率为 4.27%，最大发行额为 200 亿元。

银行

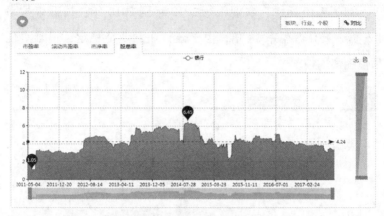

图7-11 银行业历史股息率

农业银行 2017 年年度分红实施方案为 A 股每股现金红利 0.1783 元，2018 年 5 月 24 日为农业银行股权登记日。注意，这不是数字游戏，而是真金白金地分钱。2018 年 5 月 24 日收盘价 3.61 元每股。每股分红 0.17 元/每股股价 3.61 元 = 0.047，也就是 4.7% 的股息率。

银行股的分红历来是十分稳定的，通过计算可以得出，农业银行 2018 年 5 月 24 日的收盘价对应 4.7% 的股息率，高于期限为五年的国债利率了，是十分具备分红价值的。

由于银行股的稳定分红，投资者在农业银行股价对应 5% 的股息率时投资 100 万元，持有不动 20 年，20 年后的累计股息回报就是 100 万元，这几乎就是无风险套利行为。

其中还不包含股价的上涨所带来的盈利波动，如果投资者在得到股息分红后,在股价低位时以得到的分红进行再买入,则是复利操作,收益将会更加美妙。

约翰·聂夫认为总报酬率就是一种成长预期,计算公式为:

(预期净利润增长率 + 股息率)× 100/市盈率 = 总报酬率;如果计算结果大于 0.7,便符合约翰·聂夫的标准,得出的数据越大越好。

由此可以做一个假设:在未来十年,上市公司 A 作为成长型上市公司,预计有每年 20% 的净利润增长率,无股息,对应 20 倍市盈率(通常对成长型上市公司,市场更乐于给出高估值);上市公司 B 作为大象型上市公司,预计有每年 5% 的净利润增长率,对应 5 倍市盈率,同时有 5% 的股息率;我们通过计算可以得出:

上市公司 A(预期净利润增长率 20% + 股息率 0)× 100/市盈率 20 = 总报酬率 1

上市公司 B(预期净利润增长率 5% + 股息率 5%)× 100/市盈率 5 = 总报酬率 2

同时,我作为保守型投资者,虽然期盼可以以合理的价格买入优秀的上市公司,不过我更乐意在此前提下,尽量使支付的价格更低;相比于预期上市公司未来的高业绩增长,我更加喜欢稳定的业绩增长。

所以投资银行股是我坚定执行的保守投资策略,还有一个更重要原因,那就是银行股的股价波动太稳了。相比于熊市轻仓,我更加乐于在低估值的熊市中持有银行股,这样会有稳定的高分红收益，以及储备"现金"的能力。

在 2016 年我重新买入 3 成仓位的农业银行与 2 成仓位的中国银行，持有至 2018 年，中国银行已经清仓，农业银行减仓后占据总仓位的 1.5 成，持仓成本已经降低至 2.4 元每股。至于减下来的仓位，加仓至格力电器、中国平安等股票。

这就是银行股具备的储备"现金"能力，业绩稳定、估值稳定、股价稳定，在熊市持有期间，享受高股息回报。与此同时，当其他优秀上市公司出现明确低估值投资机会时，在仓位较少或无仓位的情况下，可以调动银行股的仓位，灵活投资。

对于农业银行的操作策略如下：

由于 2018 年我的农业银行在经过调仓换股后还剩余 1.5 成仓位，至 5% 股息率加仓 0.4 成仓位，6% 股息率加仓 0.3 成仓位，7% 股息率加仓 0.3 成仓位。

对于减仓估值线设置如下：

至 4% 股息率减仓农业银行的总仓位 1 成，即如果持有 10000 股，则减仓 1000 股；

3% 股息率减仓农业银行剩余总仓位的 2 成；

2% 股息率减仓农业银行剩余总仓位的 2 成；

1% 股息率减仓农业银行剩余总仓位的 2 成，或清仓。

也可参考市盈率减仓方式：

10 倍滚动市盈率减仓农业银行剩余总仓位的 1 成；

13 倍滚动市盈率减仓农业银行剩余总仓位的 2 成；

15倍滚动市盈率减仓农业银行剩余总仓位的2成；

20倍滚动市盈率减仓农业银行剩余总仓位的2成，或清仓。

以此类推，如果在10倍滚动市盈率减仓后股价回落到6倍滚动市盈率或5%股息率，则加仓操作。

四、相濡以沫：伊利股份

改革开放40年来，中国发生了天翻地覆的大变化，最直观的感受就是变富裕了，生活越来越好了。

投资瞄准人们的需求、人们对于生活的美好向往，相比于看不懂的科技行业，我更加倾向于每天见得到的、人们都需求的大消费行业。

在谈论伊利之前，讨论另外一个看似不相关的话题。

2018年10月11日，可口可乐收购Costa的交易方案通过了Costa母公司惠特贝尔的批准。

众所周知可口可乐是巴菲特的重仓爱股，是全球饮料界的霸主。

1971年，意大利Costa兄弟建立了咖啡豆批发业务，同年在英国伦敦开了第一家咖啡专卖店，如今是仅次于星巴克的全球第二大咖啡连锁店。

可口可乐为什么要收购Costa呢？2012年可口可乐营收达到了480亿美元巅峰，此后业绩一路下滑，根据2017年度报告显示，可口可乐全年净利润为354.1美元，同比下滑15%。

原因在于人们的健康意识觉醒,越来越重视健康了。而可口可乐是高糖碳酸饮料,含有咖啡因,长期饮用容易上瘾,导致肥胖,与重视健康的时代背道而驰。

上市公司之间无时无刻不在竞争,不进则退,所以上进的可口可乐必须要找到新的营收增长点。曾经有过一系列的试验,推出过无糖可乐、零度可乐等,但可口可乐业绩依旧不及预期,于是不得不进军咖啡行业了。显然直接收购咖啡行业老二 Costa 是不错的选择,这是现成的好公司,尤其是咖啡业的市场前景非常可观。

聊到这里,我们可以得知,健康意识觉醒,让曾经的世界饮料霸主都不得不转型了,健康是一条太重要的投资主线了。

1. 乳制品行业天花板。

根据2014年的数据显示:国内目前牛奶人均年消耗量仅仅20千克左右,而欧美国家人均年消耗量高达100多千克。

2017年中国奶业协会刘亚清的发言数据显示:奶酪这种乳制品对国人来说相对陌生,目前人均奶酪年消费量还很低,不足0.1千克,奶酪年产量约3万吨,严重依赖进口。而全球人均奶酪年消费量为2.6千克,欧美人均年消费量达到10千克以上。

"世界乳制品消费以奶酪为主。"2016年全球奶酪产量1939万吨,使用原料奶1.94亿吨,接近全球原料奶加工量的1/2。中国乳制品工业协会提供的数据显示:如今,我国每年人均饮奶量已从20年前的不足6千克,提高到36千克,北上广等一线城市人均饮奶量已达 40 多千克。尽管如此，我国每年人均饮奶量仍不足世界人均的 1/3，不足亚洲人均的 1/2。

简单的资料数据足以说明，乳制品的行业发展前景是广阔的，未来的增长空间还很大，全民喝奶，任重而道远。尽管东西方之间的饮食习惯有所不同，西方连吃带喝（喝奶吃奶酪），我们主要是喝；但对于行业发展前景广阔的健康乳制品行业，投资者没有避开的理由，这是一个人人每天都需要的、每天见得到的好行业。

2. 乳制品双巨头伊利与蒙牛。

与厨电行业相同的是，中国乳制品行业同样存在着两大巨头，伊利股份（A 股上市）与蒙牛乳业（港股上市），无论是投资者还是消费者，一定都非常熟悉，最起码都喝过。

品牌的知名度与影响力足够高，意味着对于产品质量的把控足够严格。对于大品牌来说，尤其是食品饮料一类的入口快消品，最重要的就是可靠的安全信誉所带来的品牌影响力，这是多年来的沉淀所积累的。品牌的安全信誉有多好，护城河就会有多深，这对于入口类快消品是最重要的。

哪怕舍弃一年的营收，甚至五年的营收，也不能舍弃品牌的信用，这是消费者的信任，是企业的护城河，命根子不能丢。

3. 经营情况。

重点看经营数据，截取伊利股份的经营数据计算，在经历毒奶粉事件后，近八年平均净利润同比增长率为 37.92%，近八年平均扣非净利润同比增长率为 38.75%，业绩干干净净，全部来自主营业务（见表7-31）。

表7-31 伊利股份利润数据

时间 科目	2017年	2016年	2015年	2014年	2013年	2012年	2011年	2010年
净利润（元）	60.01亿	56.62亿	46.32亿	41.44亿	31.87亿	17.17亿	18.09亿	7.77亿
净利润同比增长率	5.99%	22.24%	11.76%	30.03%	85.61%	-5.09%	132.79%	20.00%
扣非净利润（元）	53.28亿	45.27亿	40.18亿	37.68亿	22.01亿	13.29亿	13.10亿	5.79亿
扣非净利润同比增长率	17.70%	12.66%	6.65%	71.19%	65.63%	1.43%	126.26%	8.47%

资料来源：同花顺

蒙牛近八年净利润同比增长率仅为4.56%（见表7-32）。

表7-32 蒙牛乳业利润数据

时间 科目	2017年	2016年	2015年	2014年	2013年	2012年	2011年	2010年
净利润（元）	20.31亿	-8.13亿	25.20亿	26.91亿	18.62亿	14.89亿	17.85亿	13.56亿
净利润同比增长率	5.25%	-0.44%	5.90%	5.74%	4.73%	4.96%	5.37%	4.95%

资料来源：同花顺

4. 货币资金与负债。

伊利股份2017年度货币资金218.23亿元/负债合计240.61亿元=90.70%，数值小于1；通过表可以看出，在经历了毒奶粉事件后，伊利股份的货币资金在持续增长，负债率在减少，2010年70.63%的负债比率，到2017年已经下降到48.80%，这是稳定向好的经营迹象（见表7-33）。28.9万元的长期借款挂了三年，在2017年因为采购原材向银行借款，短期负债为78.6亿元，截至2018年度中报，短期借款还剩36.73亿元。

表7-33 伊利股份货币资金与负债

时间 科目	2017年	2016年	2015年	2014年	2013年	2012年	2011年	2010年
货币资金（元）	218.23亿	138.24亿	130.84亿	142.73亿	81.73亿	20.04亿	39.21亿	33.42亿
负债合计（元）	240.61亿	160.26亿	194.85亿	206.73亿	165.65亿	129.38亿	136.24亿	108.50亿
资产负债比率	48.80%	40.82%	49.17%	52.34%	50.38%	62.02%	68.36%	70.63%
长期借款（元）	28.90万	28.90万	28.90万	7.04亿	28.90万	462.90万	717.90万	0.60亿
短期借款（元）	78.60亿	1.50亿	61.90亿	80.72亿	40.86亿	25.78亿	29.85亿	26.98亿

资料来源：同花顺

在分析老板电器时我们曾谈论过，优秀的上市公司是不需要借款的，但对于发展前景广阔行业中的好企业，可以忍受借款的发生。

这一点蒙牛做得非常好，历年来货币资金大于负债合计，2017年度货币资金581.39亿元/310.32亿元＝187.35%，2017年度负债率保持在53.38%，但同样有负债，远高于伊利（见表7-34）。

表 7-34 蒙牛乳业货币资金与负债

时间　科目	2017 年	2016 年	2015 年	2014 年	2013 年	2012 年	2011 年	2010 年
资产合计（元）	581.39 亿	491.24 亿	506.53 亿	470.81 亿	403.39 亿	209.16 亿	202.02 亿	173.06 亿
负债合计（元）	310.32 亿	236.21 亿	240.37 亿	225.88 亿	223.28 亿	77.95 亿	81.53 亿	70.88 亿
资产负债率	53.38%	48.08%	47.45%	47.98%	55.35%	37.27%	40.36%	40.96%
长期借款（元）	60.15 亿	55.42 亿	49.70 亿	—	—	—	—	—
短期借款（元）	79.58 亿	30.98 亿	61.25 亿	—	—	—	—	—

资料来源：同花顺

5. 应收款项。

伊利股份的历年应收款项十分稳定，仅在 2017 年度应收账款同比增加了 2.14 亿元，原因在于应收直营商超及电商的销货款增加，毕竟 2017 年度总营收同比增加了 74.49 亿元，增加线上销售是趋势（见表 7-35）。

表 7-35 伊利股份总营收等相关数据

（单位：元）

时间　科目	2017 年	2016 年	2015 年	2014 年	2013 年	2012 年	2011 年	2010 年
营业总收入	680.58 亿	606.09 亿	603.60 亿	544.36 亿	477.79 亿	419.91 亿	374.51 亿	296.65 亿
应收票据	1.64 亿	1.14 亿	1.47 亿	1.39 亿	1.82 亿	1.31 亿	1.06 亿	0.23 亿
应收账款	7.86 亿	5.72 亿	5.72 亿	5.13 亿	3.40 亿	2.89 亿	2.81 亿	2.57 亿
其他应收款	0.45 亿	0.39 亿	0.50 亿	0.66 亿	1.24 亿	1.36 亿	2.64 亿	1.13 亿

资料来源：同花顺

伊利股份 2017 年度（应收票据 1.64 亿元 + 应收账款 7.86 亿元 + 其他应收款 0.45 亿元)/营业总收入 680.58 亿元 =

1.46%，收款方面非常好。

由于港股将应收账款与票据数据合并,直接用蒙牛乳业2017年度应收账款26.47亿元/营业总收入601.56亿元=4.46%（见表7-36）。

表7-36 蒙牛乳业总营收等相关数据

（单位：元）

时间 科目	2017年	2016年	2015年	2014年	2013年	2012年	2011年	2010年
营业总收入	601.56亿	537.79亿	490.27亿	500.49亿	433.57亿	360.00亿	373.88亿	302.65亿
应收账款	26.47亿	23.40亿	16.18亿	11.48亿	7.54亿	8.56亿	8.36亿	5.75亿

资料来源：同花顺

6. 现金流。

伊利股份的经营现金流净额较为稳定增长，2017年度同比下滑了58.11亿元，经营现金流净额70.06亿元/净利润60.01亿元=116.75%，经营现金流净额依旧大于净利润，仅在2014年经营现金流净额小于净利润（见表7-37）。

表7-37 伊利股份净利润与现金流

（单位：元）

时间 科目	2017年	2016年	2015年	2014年	2013年	2012年	2011年	2010年
净利润	60.01亿	56.62亿	46.32亿	41.44亿	31.87亿	17.17亿	18.09亿	7.77亿
经营现金流净额	70.06亿	128.17亿	95.36亿	24.36亿	54.75亿	24.09亿	36.70亿	14.75亿
投资现金流净额	-31.17亿	-32.43亿	-34.87亿	-9.99亿	-62.60亿	-30.57亿	-34.76亿	-21.81亿
筹资现金流净额	40.53亿	-88.15亿	-62.79亿	28.82亿	72.41亿	-9.05亿	-1.32亿	-0.87亿

资料来源：同花顺

蒙牛乳业 2017 年度经营现金流净额是增长的,经营现金流净额 55.05 亿元/净利润 20.31 亿元 = 271.05%,仅在 2015 年经营现金流净额小于净利润,赚取真金白银的能力非常强(见表 7-38)。

表 7-38 蒙牛乳业净利润与现金流

(单位:元)

时间 科目	2017 年	2016 年	2015 年	2014 年	2013 年	2012 年	2011 年	2010 年
净利润	20.31亿	-8.13亿	25.20亿	26.91亿	18.62亿	14.89亿	17.85亿	13.56亿
经营活动现金流净额	55.05亿	45.13亿	19.09亿	30.80亿	32.84亿	18.81亿	25.20亿	24.85亿
投资活动现金流净额	-114.50亿	-40.05亿	5.37亿	-64.15亿	-152.69亿	-32.25亿	-16.45亿	-22.04亿
融资活动现金流净额	57.48亿	-40.36亿	6.89亿	36.19亿	123.31亿	-0.59亿	-2.39亿	-3.96亿

资料来源:同花顺

7. 毛利率。

伊利股份近八年平均毛利率为 32.70%;整体保持向上趋势;2017 年度(管理费用 31.08 亿元 + 销售费用 155.22 亿元 + 财务费用 1.13 亿元)/(营业总收入 680.58 亿元 × 毛利率 37.29%) = 73.85%(见表 7-39)。

表 7-39 伊利股份总营收等相关数据

时间 科目	2017 年	2016 年	2015 年	2014 年	2013 年	2012 年	2011 年	2010 年
营业总收入(元)	680.58亿	606.09亿	603.60亿	544.36亿	477.79亿	419.91亿	374.51亿	296.65亿

(续)

时间\科目	2017年	2016年	2015年	2014年	2013年	2012年	2011年	2010年
销售毛利率	37.29%	37.94%	35.89%	32.54%	28.67%	29.73%	29.28%	30.27%
管理费用(元)	31.08亿	34.57亿	34.56亿	31.63亿	23.92亿	28.10亿	19.71亿	15.21亿
销售费用(元)	155.22亿	141.14亿	132.58亿	100.75亿	85.46亿	77.78亿	72.91亿	68.07亿
财务费用(元)	1.13亿	0.24亿	2.97亿	1.55亿	-0.33亿	0.49亿	-0.49亿	-0.21亿

资料来源：同花顺

70%是一条红线，伊利"幸运"地越过了红线。我们来观察一下蒙牛的数据（见表7-40）。

表7-40 蒙牛乳业总营收等相关数据

时间\科目	2017年	2016年	2015年	2014年	2013年	2012年	2011年	2010年
营业额(元)	601.56亿	537.79亿	490.27亿	500.49亿	43.36亿	360.00亿	373.88亿	302.65亿
毛利率	35.21%	32.79%	31.36%					
销售费用(元)	148.69亿	134.35亿	109.85亿	105.64亿	81.68亿	62.23亿	66.95亿	54.29亿
管理费用(元)	24.97亿	24.71亿	18.71亿	19.41亿	16.06亿	11.75亿	11.10亿	10.36亿
财务费用(元)	-1.84亿	-1.84亿	-2.45亿	-2.08亿	-1.99亿	-1.79亿	-1.12亿	-0.43亿

资料来源：同花顺

蒙牛乳业近三年平均毛利率33.12%；略高于伊利股份，呈现出上涨态势，2017年度（管理费用24.97亿元＋销售费用148.69亿元＋财务费用-1.8亿元)/(营业总收入601.56亿元×毛利率35.21%）=81.14%。

鉴于乳制品行业两大巨头的费用率如此之高，我们十分有必要观察其他同行的情况。

在A股上市公司中，营收位于伊利股份之后的是光明乳业，2017年度总营收216亿元（见表7-41）。

表7-41 光明乳业总营收等相关数据

时间 科目	2017年	2016年	2015年	2014年	2013年	2012年	2011年	2010年
营业总收入（元）	220.23亿	202.07亿	193.73亿	206.50亿	162.91亿	137.75亿	117.89亿	95.72亿
销售毛利率	33.31%	38.68%	36.11%	34.61%	34.75%	35.12%	33.45%	34.50%
管理费用（元）	6.41亿	7.72亿	6.83亿	5.85亿	4.84亿	4.42亿	3.55亿	2.80亿
销售费用（元）	52.57亿	56.19亿	53.92亿	54.71亿	44.10亿	38.20亿	32.46亿	27.27亿
财务费用（元）	2.50亿	2.90亿	1.40亿	0.78亿	0.53亿	0.65亿	0.47亿	0.27亿

资料来源：同花顺

光明乳业近八年平均毛利率35.07%，该指标稳定，2017年度（管理费用6.41亿元+销售费用52.57亿元+财务费用2.50亿元）/（营业总收入220.23亿元×毛利率33.31%）=83.81%。甚至高于蒙牛乳业，通过对比我们可以发现，伊利股份在同行中的表现已经非常优秀。

通过观察乳制品行业的普遍高额销售费用，可以得出一条结论，对于快消费品行业，在没有完全竞争出垄断龙头时，需要超高的销售费用（主要是广告）进行宣传。

如图7-12所示，伊利股份2017年年度报告中的数据，销售费用不是小数。

65、销售费用

√适用 □不适用

单位：元 币种：人民币

项目	本期发生额	上期发生额
职工薪酬	2 893 198 172.75	2 569 718 336.22
折旧修理费	105 208 793.19	102 043 836.02
差旅费	266 297 966.27	238 826 333.08
物耗劳保费	20 246 316.90	16 036 225.48
办公租赁费	201 227 403.27	200 899 974.48
广告营销费	8 206 472 750.52	7 634 186 461.54
装卸运输费	3 766 255 950.04	3 288 035 083.36
其他	62 955 149.40	64 570 249.47
合计	15 521 862 502.34	14 114 316 499.65

图7-12 伊利股份2017年年度报告销售费用

如图7-13所示，光明乳业2017年年度报告同样如此。

42、销售费用

√适用 □不适用

单位：元 币种：人民币

项目	本期发生额	上期发生额
工资及附加	826 216 707	692 749 057
运输费及仓储费	865 675 847	672 600 089
租赁费	86 535 739	77 581 515
广告费	777 931 810	1 035 081 856
营销及销售服务	2 330 922 112	2 833 139 769
折旧及摊销费	81 381 011	68 144 188
其他	194 983 228	239 948 946
合计	5 163 646 454	5 619 245 020

图7-13 光明乳业2017年年度报告销售费用

通过翻阅年报可以发现，乳制品行业竞争激烈，每年都需要花费巨额的广告营销费用。偶然打开电视，火热的综艺节目中随处可见相关乳制品广告。热播综艺节目《奔跑吧兄弟》中，酸奶安慕希的宣传广告铺天盖地，这是伊利股份旗下的重要营收产品。同类热播综艺节目《极限挑战》中，酸奶纯甄的宣传广告随处可见，这是蒙牛旗下的重要营收产品。

打广告宣传是需要花钱的，热播的综艺节目广告费自然更贵，效果也更好，钱不白花……尤其是对于快消类消费品，规模庞大的广告宣传必不可少。若谁能真正做到不需要依靠庞大的广告费用推广，完全依靠品质的力量占据消费者的心智，一家独大，将会有非常出色的投资回报，值得期待。我重仓伊利的重要原因之一，是有足够的数据支撑为前提。

8. 净利率。

我们用一张简单的表格对比数据，虽然港股的数据查询困难，部分数据仅仅查询到最近三年，还是够看的。伊利股份近八年平均净利率为6.52%；蒙牛乳业近三年平均净利率为2.34%，前者远优于后者（见表7-42）。

表7-42 净利率对比

上市公司	时间 科目	2017年	2016年	2015年	2014年	2013年	2012年	2011年	2010年
伊利股份	销售净利率	8.89%	9.40%	7.78%	7.72%	6.70%	4.13%	4.89%	2.68%
蒙牛乳业	销售净利率	3.38%	-1.51%	5.14%					

资料来源：同花顺

9. 净资产收益率。

净资产收益率的差距更为巨大，伊利股份近八年平均净资产收益率为25.51%；蒙牛乳业近八年平均净资产收益率为9.33%，投资者甚至不需要思考伊利股份是如何做到的（见表7-43）。

表7-43 净资产收益率对比

上市公司	时间科目	2017年	2016年	2015年	2014年	2013年	2012年	2011年	2010年
伊利股份	净资产收益率	25.22%	26.58%	23.87%	23.66%	23.15%	25.97%	35.33%	20.28%
蒙牛乳业	净资产收益率	9.06%	-3.60%	10.69%	10.94%	10.62%	10.43%	13.85%	12.68%

资料来源：同花顺

10. 数据全面对比。

通过全面对比我们可以发现，蒙牛乳业仅在财务安全数据（货币资金/负债总计），以及真金白银数据（经营现金流净额/净利润）这两方面优于伊利。截至2018年10月31日，伊利股份的股息率更是高达3.2%；远高于存款利率（见表7-44）。

表7-44 2017年度数据全面对比

上市公司	扣非净利润同比增长率	负债率	货币资金与负债比率	营收与应收款比率	净利润与现金流比率	费用与毛利润比率	毛利率	净利率	净资产收益率	股息率
伊利股份	17.70%	48.80%	90.70%	1.46%	116.75%	74.68%	37.29%	8.89%	25.22%	3.20%
蒙牛乳业	4.56%	53.38%	187.35%	4.40%	275.00%	81.14%	35.21%	3.38%	9.06%	0.05%

资料来源：同花顺

在这其中，我最看重的是净资产收益率这一指标，该指标从股东的角度衡量企业对于股东的资金投入的使用效率，该指标越高，说明股东投入资金的收益越高。伊利股份净资产收益率近八年平均为25.51%，具备可持续性。

11. 邓普顿估值法。

伊利股份2017年度净利润60亿元，同比增长率为6%，近八年平均净利润同比增长率为38%，2017年第四季度至2018年第三季度净利润总和为61.12亿元，保守预计净利润增速15%。

总市值1360亿元/未来五年后净利润122亿元＝11倍市盈率；高于邓普顿估值法5倍市盈率标准，而市场对于食品饮料行业给出的估值普遍在20~30倍市盈率。

蒙牛乳业2017年度净利润20亿元，同比增长率为5%，近八年平均净利润同比增长率为5%，鉴于蒙牛乳业的历史表现，很难指望出现业绩大爆发，只能预计净利润增速5%。

总市值930亿元/未来五年后净利润25.5亿元＝36倍市盈率，贵得离谱。

12. 总报酬率估值法。

伊利股份（预期净利润增长率15%＋股息率2.5%）×100/市盈率22＝总报酬率0.80；超过0.7，符合约翰·聂夫的总报酬率估值标准。

蒙牛乳业（预期净利润增长率5%＋股息率2.5%）×100/市盈率20＝总报酬率0.38，远低于0.7标准。

第七章 价值投资实战策略

13. 交易策略。

如图 7-14 所示，根据 2018 年第三季度财报内容，伊利股份的固定资产 143.12 亿元/总资产 454.79 亿元 = 31.47%，小于 40% 这一数据。

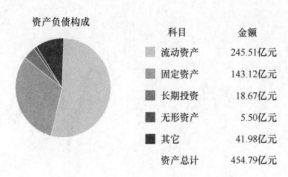

图 7-14 伊利股份资产负债构成

同时，伊利股份具备高净资产收益率，可以定性为轻资产型上市公司，用市净率估值法辅助估值。

如图 7-15 所示，1996 年至 2018 年，伊利股份市盈率最低 15 倍，最高 100 倍，当前 22 倍；同期蒙牛乳业是 20 倍；通过详细的分析，在伊利股份质地远优于蒙牛乳业的背景下，这道选择题的答案已经不需要再考虑了。

对于伊利股份的仓位设定为总仓位的 1 成，分为 3 份，建仓与加仓估值线设置如下：

20 倍滚动市盈率建 0.4 成仓位；

18 倍滚动市盈率加 0.4 成仓位；

15 倍滚动市盈率加 0.2 成仓位（可能没有机会）。

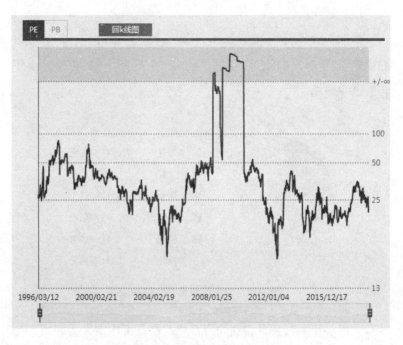

图7-15 伊利股份历史市盈率

对于伊利股份的减仓估值线设置如下：

35倍滚动市盈率减仓伊利股份总仓位的1成，即如果持有10000股，则减仓1000股；

40倍滚动市盈率减仓伊利股份剩余总仓位的1成；

45倍滚动市盈率减仓伊利股份剩余总仓位的2成；

50倍滚动市盈率减仓伊利股份剩余总仓位的2成。

以此类推，如果在35倍滚动市盈率减仓后股价回到20倍滚动市盈率，则加仓操作。我十分期待伊利股份的未来发展，希望它成长为世界顶尖的食品饮料公司。

五、大象狂奔：中国平安

提起中国平安不得不承认，我曾经在此失败过一次交易，为此付出了巨大的持仓成本代价，亡羊补牢为时不晚。

保险业的巨大前景有两点重要数据支撑，老龄化与人均保险率。

根据中国产业信息网给出的数据：进入 21 世纪以来，我国社会人口老龄化趋势愈加明显，65 岁以上的人口占比已经达到 10.8%，属于标准的老年型社会。老龄化人口占比大致相当于日本 1987 年的水平，而日本在 20 世纪 80 年代中期进入老龄化社会后，老年人口占比就急剧上升，短短 20 年就已经突破 20% 的关口，进入深度老龄化社会。由此来看，未来我国将无可避免地进入到社会人口老龄化持续加快的进程中。预计在 2035 年前后，我国社会人口结构中 65 岁以上的人口占比也将突破 20%，老龄化将成为社会发展进步面临的一项艰巨挑战。与养老问题相伴而生，养老金缺口的增大使民众养老面临严峻挑战。当前国际上普遍将居民的养老金划分为三大支柱：基本养老金、企业年金以及个人税延养老金。其中，我国第一支柱基本养老金总额约 3.8 万亿元，第二支柱企业年金部分只有 1.2 万亿元，第三支柱个人税延养老金尚未建立。

通过对比人口老龄化社会与发达国家数据可以发现，依靠国家养老的难度越来越大，而商业养老保险的潜力巨大，有助于改善这一现象。

1. 保险行业全面对比。

投资简单就好，既然保险业的发展前景无忧，用最简单的方式进行行业对比就好。

保险业较为特殊，如同银行收取储户存款进行放贷赚取息差，保险业会收取投保人的保费，这些资金都会记作负债，保费只有在合同到期后，才能转化为利润。

所以我们选取中国最大的三家上市保险公司的通用数据进行分析对比，由于2008年金融危机影响，保险业受到了巨大的冲击，导致部分数据失真，我们取近八年的数据。

数据自己会说话，通过对比，上市公司的优秀一览无遗（见表7-45）。

中国平安近八年平均营收同比增长率25.31%；增长稳定，2017年度为25.04%；

中国平安近八年平均净利润同比增长率26.99%；增长稳定，2017年度为42.78%；

中国平安近八年经营现金流净额保持稳定，历年来大于净利润；

中国平安近八年平均扣非净利润同比增长率27.25%；增长稳定，2017年度为44.90%；

中国平安近八年平均净资产收益率17.13%；增长稳定，2017年度为20.72%；

中国平安近八年平均净利率9.96%；保持稳定，2017年度为11.22%。

表7-45 中国平安经营数据

时间 科目	2017年	2016年	2015年	2014年	2013年	2012年	2011年	2010年
营业总收入（元）	8908.82亿	7124.53亿	6199.90亿	4628.82亿	3626.31亿	2993.72亿	2489.15亿	1894.39亿
营业总收入同比增长率	25.04%	14.91%	33.94%	27.65%	21.13%	20.27%	31.40%	28.14%
净利润（元）	890.88亿	623.94亿	542.03亿	392.79亿	281.54亿	200.50亿	194.75亿	173.11亿
净利润同比增长率	42.78%	15.11%	37.99%	39.51%	40.42%	2.95%	12.50%	24.69%
经营现金流净额（元）	1212.83亿	2278.21亿	1356.18亿	1702.60亿	2279.16亿	2808.97亿	753.48亿	1392.55亿
扣非净利润（元）	891.37亿	615.16亿	538.92亿	392.15亿	283.48亿	200.98亿	194.35亿	173.14亿
扣非净利润同比增长率	44.90%	14.15%	37.43%	38.33%	41.05%	3.41%	12.25%	26.48%
净资产收益率	20.72%	17.36%	17.12%	18.30%	16.40%	13.80%	16.00%	17.30%
销售净利率	11.22%	10.16%	10.51%	10.35%	9.93%	8.94%	9.07%	9.47%

资料来源：同花顺

下面是中国人寿经营数据（见表7-46）。

中国人寿近八年平均营收同比增长率8.59%；波动较大，2017年度为18.81%；

中国人寿近八年平均净利润同比增长率12.82%；波动较大，2017年度为68.63%；

中国人寿经营现金流净额除2015年为负数，其余基本保持稳定，历年来大于净利润；

中国人寿近八年平均扣非净利润同比增长率12.59%；波动较大，2017年度为67.91%；

中国人寿近八年平均净资产收益率10.35%；波动较大，2017年度为10.49%；

中国人寿近八年平均净利率5.62%；保持稳定，2017年度为5.01%。

表7-46 中国人寿经营数据

时间 科目	2017年	2016年	2015年	2014年	2013年	2012年	2011年	2010年
营业总收入（元）	6531.95亿	5498.02亿	5113.67亿	4457.73亿	4236.13亿	4053.79亿	3853.88亿	3887.91亿
营业总收入同比增长率	18.81%	7.51%	14.71%	5.23%	4.50%	5.19%	-0.88%	13.67%
净利润（元）	322.53亿	191.27亿	346.99亿	322.11亿	247.65亿	110.61亿	183.31亿	336.26亿
净利润同比增长率	68.63%	-44.88%	7.72%	30.07%	123.89%	-39.66%	-45.49%	2.27%
经营现金流净额（元）	2009.90亿	890.98亿	-188.11亿	782.47亿	682.92亿	1321.82亿	1339.53亿	1786.00亿
扣非净利润（元）	323.90亿	192.90亿	347.64亿	321.04亿	243.54亿	110.51亿	183.56亿	336.28亿
扣非净利润同比增长率	67.91%	-44.51%	8.29%	31.82%	120.38%	-39.80%	-45.41%	2.00%
净资产收益率	10.49%	6.16%	11.56%	12.83%	11.22%	5.38%	9.16%	16.02%
销售净利率	5.01%	3.56%	6.88%	7.29%	5.90%	2.78%	4.80%	8.70%

资料来源：同花顺

新华保险在2011年上市，取近七年数据（见表7-47）。

新华保险近七年平均营收同比增长率5.20%；近两年增速下滑，2017年度为-1.40%；

新华保险近七年平均净利润同比增长率 17.93%；波动较大，2017 年度为 8.92%；

新华保险近七年经营现金流净额仅在 2015 年小于净利润，其余年大于净利润；

新华保险近七年平均扣非净利润同比增长率 22.18%；波动较大，2017 年度为 12.03%；

新华保险近七年平均净资产收益率 12.19%；波动较大，2017 年度为 8.76%；

新华保险近七年平均净利率 3.64%；近两年有所下滑，2017 年度为 3.74%。

表 7-47 新华保险经营数据

时间 科目	2017 年	2016 年	2015 年	2014 年	2013 年	2012 年	2011 年
营业总收入（元）	1441.32 亿	1461.73 亿	1584.53 亿	1431.87 亿	1295.94 亿	1169.21 亿	1092.09 亿
营业总收入同比增长率	-1.40%	-7.75%	10.66%	10.49%	10.84%	7.06%	6.53%
净利润（元）	53.83 亿	49.42 亿	86.01 亿	64.06 亿	44.22 亿	29.33 亿	27.99 亿
净利润同比增长率	8.92%	-42.54%	34.26%	44.87%	50.77%	4.79%	24.46%
经营现金流净额（元）	78.65 亿	73.30 亿	74.49 亿	250.52 亿	562.05 亿	542.52 亿	559.83 亿
扣非净利润（元）	54.95 亿	49.05 亿	80.84 亿	60.10 亿	45.00 亿	29.17 亿	25.09 亿
扣非净利润同比增长率	12.03%	-39.32%	34.51%	33.56%	54.27%	16.26%	43.95%
净资产收益率	8.76%	8.45%	16.20%	14.63%	11.76%	8.69%	16.84%
销售净利率	3.74%	3.38%	5.43%	4.47%	3.41%	2.51%	2.56%

资料来源：同花顺

通过对比，中国平安的数据无疑名列前茅；保险是好行业，正处于黄金发展期（见表7-48）。

表7-48 保险业数据全面对比

上市公司	营业总收入（元）	营业总收入同比增长率	净利润（元）	净利润同比增长率	经营现金流净额（元）	扣非净利润（元）	扣非净利润同比增长率	净资产收益率	销售净利率
中国平安	8908.82亿	25.04%	890.88亿	42.78%	1212.83亿	891.37亿	44.90%	20.72%	11.22%
中国人寿	6531.95亿	18.81%	322.53亿	68.63%	2009.90亿	323.90亿	67.91%	10.49%	5.01%
新华保险	1441.32亿	-1.40%	53.83亿	8.92%	78.65亿	54.95亿	12.03%	8.76%	3.74%

资料来源：同花顺

对于保险业的看重还有一条重要原因：投资数据。银行的客户在银行存款，这些钱是银行的债务，银行可以按照规定使用，但还是有成本的，那就是支付给储户的利息。客户向保险公司缴纳保险费用，这些钱同样是保险公司的债务，当客户出险时，拿出来付给客户进行理赔。这些客户缴纳的保费，保险公司按照规定留有一定比例的近期理赔或支付金额后，剩下的就可以拿去投资赚钱了。保险公司需要理赔给客户的出险就是利息，与银行给予储户的固定利息不同，保险公司为客户支付的保单，关乎概率。保险生意的本质，是一门概率生意。

在概率事件没有发生时，保险公司的浮存金就是免费的可动用的资金。巴菲特永远有资金加仓，就是因为伯克希尔·哈撒韦旗下有保险公司与其他优质公司所创造的源源不断的现金流。这类似于普通投资者的固定与非固定酬劳，都可以拿来投资。

根据中国产业信息网所提供的信息：自 2014 年监管放宽保险资金的投资渠道以来，保险公司资产配置的多元化趋势愈加明显，以银行存款和标准化债权为代表的固定收益类资产在保险投资资产中的占比逐年下滑，而以股票基金为代表的权益类资产和另类投资占比则一路攀升。到了 2017 年，债券市场高位震荡，股票市场企稳回升，保险资金呈现出稳健多元的配置趋势。截至 2017 年 10 月，保险行业资产运用余额为 14.7 万亿元，较年初增长 9.74%。其中，银行存款 1.91 万亿元，占比 13.01%；债券 5.14 万亿元，占比 35%；股票和证券投资基金 1.98 万亿元，占比 13.46%；其他投资 5.66 万亿元，占比 38.52%。上市保险公司资产配置的具体投资风格迥异。其中，中国人寿和中国太保的固定收益类资产占比较高，投资风格较为稳健保守；而中国平安和新华保险的资产配置风格更为积极灵活。其中，中国平安的股权投资占比最高，超过 20%；而新华保险的非标投资和另类投资占比较高，整体业绩弹性较大。

其实我最想表达的是，我还是更喜欢配置股票类资产更多的保险公司。

2. 邓普顿估值法。

中国平安 2017 年度净利润 891 亿元，同比增长 43%，近八年平均净利润增长率 27%，2017 年第四季度至 2018 年第三季度净利润总和为 1022 亿元。保守预估净利润增速 15%，对比近八年的净利润增长,几乎打了一个对折。

总市值12300亿元/未来五年后净利润2055亿元=6倍市盈率;对比邓普顿估值法5倍市盈率标准,还差些火候;不过15%的业绩增速是保守预计,我们还有估值线以及仓位管理办法。

中国人寿2017年度净利润323亿元,同比增长69%,近八年平均净利润增长率13%,2017年第四季度至2018年第三季度净利润总和为235亿元;考虑到中国人寿的长期业绩表现,为中国人寿的未来净利润增速打个折扣,预期10%。

总市值6400亿元/未来五年后净利润406亿元=16倍市盈率;远高于邓普顿估值法标准。

新华保险2017年度净利润54亿元,同比增长9%,近八年平均净利润增长率18%,2017年第四季度至2018年第三季度净利润总和为80亿元,为新华保险的未来净利润增速打个折扣,预期10%。

总市值1500亿元/未来五年后净利润129亿元=12倍市盈率;远高于邓普顿估值法标准。

3. 总报酬率估值法。

中国平安(预期净利润增长率15%+股息率1.2%)×100/市盈率11=总报酬率1.5;

中国人寿(预期净利润增长率10%+股息率1.7%)×100/市盈率15=总报酬率0.78;

新华保险(预期净利润增长率10%+股息率1%)×100/市盈率18=总报酬率0.61。

通过对比，虽然保守预估的中国平安净利润增长率并非市盈率的2倍，但胜在稳定，已经十分具备投资价值。

4. 操作策略。

如图7-16所示，中国人寿2007年至2018年，市净率最高点19倍，最低点1.6倍。

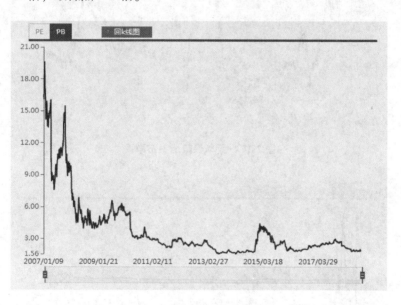

图7-16　中国人寿历史市净率

如图7-17所示，新华保险2011年至2018年，市净率最高点4.6倍，最低点1.5倍。

如图7-18所示，中国平安2007年至2018年，市净率最高点11倍，最低点1.39倍，在2～2.5倍之间可以画出一条低估值建仓线。

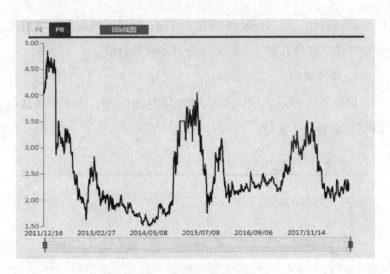

图 7-17　新华保险历史市净率

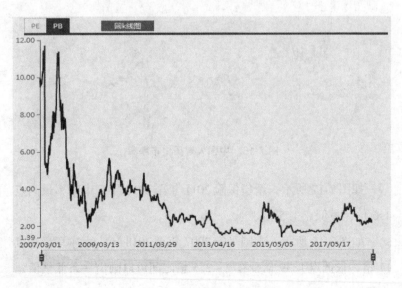

图 7-18　中国平安历史市净率

保险股市净率估值情况相差无几，重点在于滚动市盈率估值。如图7-19所示，2007年至2018年，中国人寿滚动市盈率最高点超过100倍，最低点14倍。

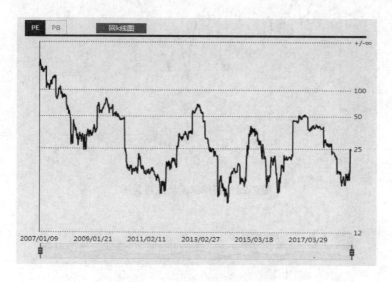

图7-19　中国人寿历史市盈率

如图7-20所示，由于新华保险上市时间较晚，没有享受到2007年大牛市的红利，2011年至2018年，新华保险滚动市盈率最高点46倍，最低点11倍。

如图7-21所示，2007年至2018年，中国平安滚动市盈率最高点超过100倍，最低点9倍，10倍左右就是明确的低估值线。

截至2018年8月份，中国平安滚动市盈率始终在11倍左右波动，重要的是中国平安的业绩更加稳定，公司质地更加优秀。

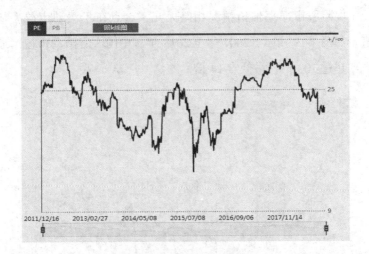

图7-20 新华保险历史市盈率

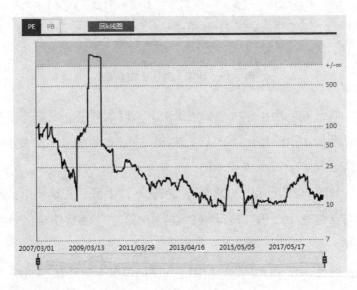

图7-21 中国平安历史市盈率

所以，我在中国平安滚动市盈率 11 倍左右激进建仓 2 成仓位，同时设置三级加仓位：

如果业绩下滑或市场整体估值下跌，择机继续加仓，9 倍滚动市盈率加仓 0.5 成仓位；

8 倍滚动市盈率加仓 0.3 成仓位；

7 倍滚动市盈率加仓 0.2 成仓位（可能没有机会），最多不可以超过总仓位的 3 成，这是仓位纪律。

对于减仓估值线设置如下：

25 倍滚动市盈率减仓中国平安总仓位的 1 成，即如果持有 10000 股，则减仓 1000 股；

30 倍滚动市盈率减仓中国平安剩余总仓位的 1 成；

35 倍滚动市盈率减仓中国平安剩余总仓位的 1 成；

40 倍滚动市盈率减仓中国平安剩余总仓位的 1 成。

以此类推，如果在 20 倍滚动市盈率减仓后股价回落到 11 倍滚动市盈率，加仓操作。

我十分期待中国平安的未来发展，希望它成长为全世界第一的金融集团。

六、 不醉不归： 贵州茅台

我总是提到投资要大气，尤其是对于好股票。这则总结是宝贵的试错经验，错过了多次好机会所总结出的，贵州茅台就是我错过的股票之一，对我的打击太大了。

在贵州茅台 15 倍左右滚动市盈率时,我期盼着它再跌一跌,但它从此一路上涨不回头。

1. 白酒行业的天花板。

白酒属于非必需性快消品,乳制品同样属于非必需性快消品。但不同之处在于,白酒是有成瘾性的,对于烟民酒民来说,很难戒掉烟瘾或者酒瘾。酒类饮品主要包含有白酒、啤酒、红酒。啤酒主要是夏天的饮品,红酒流行于酒吧、西餐厅、高端酒会等,中国人最爱喝的还是白酒。

中国是四大文明古国唯一完整流传下来的千年文化古国,很多优良传统是根深蒂固的,未来十年、百年,我们还是会过端午节、中秋节、春节。同样不变的是,各种吃饭的场合白酒必不可少,很多酒民甚至家常便饭也离不开白酒。喝白酒的主力部队慢慢地从 70 后延伸到 80 后,80 后延伸到 90 后,一代又一代,或许销量会有变化,无非是多些少些的问题。

其实早在十年前的熊市中,投资者便经常谈论,白酒行业的天花板已经到来,家电行业的天花板已经到来。消耗类产品存在周期性,但很弱,消耗完毕后,就需要购买继续消耗。

中国的酒文化千年历史,源远流长,从古至今,遭遇过天花板了吗?国外同样如此,自从创造出酒水,不同样喝到了今天么。

还有更多的消费行业,如家电、食品等,上百年乃至几千年的历史,何时出现过天花板?所以对于大消费行业,尤其是无法替代的大消费行业,难有天花板。

2. 酒王的行业护城河。

纵观 A 股，很难找到类似于贵州茅台这种优秀上市公司所具备的宽厚护城河。

当年因为战略的不同，五粮液被茅台反超，从此一发不可收拾。

茅台与五粮液两种截然不同的战略打法，导致两种截然不同的结局，2005 年是转折点；茅台一路提价，净利润超过五粮液，此后的几年，五粮液再也无法与茅台抗衡。

茅台不增加销量，不增加新经销商，不降低出厂价格，得益于经济的发展、人们生活水平的提高，更多关注的是品质，取得了高端白酒的定价权。

多年的高端品牌发展，让如今的茅台酒意味着社交，发展成了奢侈品，更拥有了金融属性，收藏茅台酒会升值，买入茅台的股票会上涨。

消费者的高度认可永远是最好的护城河，哪怕同样的白酒、同样的口感，不同的品牌便是不同的价值，区别就在于消费者的认可。

3. 白酒经营对比。

在酒行业直接选中贵州茅台与五粮液这对巨头进行比较就好（见表 7-49）。

贵州茅台近十年平均营业总收入同比增长率 25.06%；

贵州茅台近十年平均净利润同比增长率 27.62%；

贵州茅台近十年平均扣非净利润同比增长率 27.76%；

扣非净利润与净利润持平说明茅台完全是主业经营。

表7-49 贵州茅台业绩数据

时间 科目	2017年	2016年	2015年	2014年	2013年	2012年	2011年	2010年	2009年	2008年
营业总收入（元）	610.63亿	401.55亿	334.47亿	322.17亿	310.71亿	264.55亿	184.02亿	116.33亿	96.70亿	82.42亿
营业总收入同比增长率	52.07%	20.06%	3.82%	3.69%	17.45%	43.76%	58.19%	20.30%	17.33%	13.88%
净利润（元）	270.79亿	167.18亿	155.03亿	153.50亿	151.37亿	133.08亿	87.63亿	50.51亿	43.12亿	37.99亿
净利润同比增长率	61.97%	7.84%	1.00%	1.41%	13.74%	51.86%	73.49%	17.13%	13.50%	34.22%
扣非净利润（元）	272.24亿	169.55亿	156.17亿	155.21亿	154.52亿	134.01亿	87.65亿	50.50亿	43.08亿	38.03亿
扣非净利润同比增长率	60.57%	8.57%	0.62%	0.45%	15.30%	52.90%	73.55%	17.23%	13.29%	34.22%

资料来源：同花顺

五粮液近十年平均营业总收入同比增长率16.81%；

五粮液近十年平均净利润同比增长率25.11%；

五粮液近十年平均扣非净利润同比增长率25.20%；

扣非净利润与净利润持平说明五粮液完全是主业经营，五粮液的其他营业收入占比很少，塑料制品、印刷、玻璃等占营收总比例不足10%（见表7-50）。

表 7-50 五粮液业绩数据

时间\科目	2017年	2016年	2015年	2014年	2013年	2012年	2011年	2010年	2009年	2008年
营业总收入（元）	301.87亿	245.44亿	216.59亿	210.11亿	247.19亿	272.01亿	203.51亿	155.41亿	111.29亿	79.33亿
营业总收入同比增长率	22.99%	13.32%	3.08%	-15.00%	-9.13%	33.66%	30.95%	39.64%	40.29%	8.25%
净利润（元）	96.74亿	67.85亿	61.76亿	58.35亿	79.73亿	99.35亿	61.57亿	43.95亿	32.45亿	18.11亿
净利润同比增长率	42.58%	9.85%	5.85%	-26.81%	-19.75%	61.35%	40.09%	35.46%	79.20%	23.27%
扣非净利润（元）	96.42亿	67.24亿	61.64亿	58.61亿	81.74亿	99.25亿	61.80亿	44.44亿	32.32亿	18.33亿
扣非净利润同比增长率	43.40%	9.09%	5.17%	-28.30%	-17.64%	60.59%	39.07%	37.52%	76.29%	26.77%

资料来源：同花顺

4. 货币资金与负债。

贵州茅台的货币资金历年来远大于负债合计，仅在 2014 年有 0.63 亿元的短期借款，负债比率长期稳定在 25% 左右，全部都是流动负债，也就是因为正常经营所产生的企业运转所必需的无息负债，优秀的上市公司是无须借款的（见表 7-51）。

表 7-51 贵州茅台货币资金与负债

时间 科目	2017年	2016年	2015年	2014年	2013年	2012年	2011年	2010年	2009年	2008年
货币资金（元）	878.69亿	668.55亿	368.01亿	277.11亿	251.85亿	220.62亿	182.55亿	128.88亿	97.43亿	80.94亿
负债合计（元）	385.90亿	370.36亿	200.67亿	105.62亿	113.25亿	95.44亿	94.97亿	70.38亿	51.18亿	42.51亿
资产负债比率	28.67%	32.79%	23.25%	16.03%	20.42%	21.21%	27.21%	27.51%	25.89%	26.98%
长期借款（元）	—	—	—	—	—	—	—	—	—	—
短期借款（元）	—	—	—	0.63亿	—	—	—	—	—	—

资料来源：同花顺

五粮液的情况同样如此，货币资金历年来远大于负债合计，没有任何长期与短期借款，全部都是无息流动负债（见表7-52）。

表 7-52 五粮液货币资金与负债

时间 科目	2017年	2016年	2015年	2014年	2013年	2012年	2011年	2010年	2009年	2008年
货币资金（元）	405.92亿	346.66亿	263.74亿	223.82亿	257.63亿	278.46亿	215.51亿	141.34亿	75.44亿	59.25亿
负债合计（元）	162.48亿	139.69亿	82.01亿	60.76亿	71.10亿	137.27亿	134.59亿	103.07亿	62.69亿	20.40亿
资产负债比率	22.91%	22.47%	15.61%	13.09%	16.11%	30.34%	36.47%	35.95%	30.07%	15.12%
长期借款（元）	—	—	—	—	—	—	—	—	—	—
短期借款（元）	—	—	—	—	—	—	—	—	—	—

资料来源：同花顺

5. 应收款项。

贵州茅台的应收账款和应收票据相比于庞大的营收仅占很小的比例,2016 年至 2017 年甚至为 0,可见贵州茅台是多么强势,这或许是体现产品足够强硬的最好证明了;其他应收款则是一些往来项款与备用金(见表 7-53)。

表 7-53 贵州茅台总营收与应收款项

(单位:元)

时间 科目	2017年	2016年	2015年	2014年	2013年	2012年	2011年	2010年	2009年	2008年
营业总收入	610.63亿	401.55亿	334.47亿	322.17亿	310.71亿	264.55亿	184.02亿	116.33亿	96.70亿	82.42亿
应收票据	12.22亿	8.18亿	85.79亿	18.48亿	2.96亿	2.04亿	2.52亿	2.05亿	3.81亿	1.71亿
应收账款	—	—	0.002亿	0.04亿	0.01亿	0.18亿	0.02亿	0.01亿	0.21亿	0.35亿
其他应收款	2.73亿	0.77亿	0.48亿	0.81亿	1.20亿	1.38亿	0.47亿	0.59亿	0.96亿	0.83亿

资料来源:同花顺。

贵州茅台 2017 年度(应收票据 12.22 亿元 + 应收账款 0 元 + 其他应收款 2.73 亿元)/总营收 610.63 亿元 = 2.45%;贵州茅台 610.63 亿元的总营收仅有 14.95 亿元的应收款项,如此数据说明茅台更多的是收取现金!

五粮液同样非常优秀,也仅仅是略差于贵州茅台;2017 年度其他应收款大幅增长多为内部往来款(见表 7-54)。

表 7-54　五粮液总营收与应收款项

（单位：元）

时间 科目	2017年	2016年	2015年	2014年	2013年	2012年	2011年	2010年	2009年	2008年
营业总收入	301.87亿	245.44亿	216.59亿	210.11亿	247.19亿	272.01亿	203.51亿	155.41亿	111.29亿	79.33亿
应收票据	111.88亿	95.79亿	86.65亿	73.69亿	36.25亿	25.94亿	19.39亿	21.81亿	18.42亿	6.02亿
应收账款	1.10亿	1.08亿	1.07亿	1.23亿	0.75亿	0.81亿	0.76亿	0.89亿	1.03亿	0.05亿
其他应收款	6.34亿	0.19亿	0.19亿	0.20亿	0.23亿	0.26亿	0.43亿	0.38亿	0.69亿	0.26亿

资料来源：同花顺

五粮液 2017 年度（应收票据 111.88 亿元 + 应收账款 1.1 亿元 + 其他应收款 6.34 亿元）/总营收 301.87 亿元 = 39.53%；与茅台对比，这个数据十分醒目。

6. 现金流对比。

贵州茅台近两年来投资现金流净额收缩，2017 年度经营现金流净额 221.53 亿元/净利润 270.79 亿元 = 0.82，就连贵州茅台依旧有经营现金流净额小于净利润的年度，可见这一指标是多么重要（见表 7-55）。

表 7-55　贵州茅台净利润与现金流

（单位：元）

时间 科目	2017年	2016年	2015年	2014年	2013年	2012年	2011年	2010年	2009年	2008年
净利润	270.79亿	167.18亿	155.03亿	153.50亿	151.37亿	133.08亿	87.63亿	50.51亿	43.12亿	37.99亿
经营现金流净额	221.53亿	374.51亿	174.36亿	126.33亿	126.55亿	119.21亿	101.49亿	62.01亿	42.24亿	52.47亿

(续)

时间 科目	2017年	2016年	2015年	2014年	2013年	2012年	2011年	2010年	2009年	2008年
投资现金流净额	-11.21亿	-11.03亿	-20.49亿	-45.80亿	-53.39亿	-41.99亿	-21.20亿	-17.63亿	-13.40亿	-9.93亿
筹资现金流净额	-88.99亿	-83.35亿	-55.88亿	-50.41亿	-73.86亿	-39.15亿	-26.62亿	-12.93亿	-12.35亿	-8.84亿

资料来源：同花顺

五粮液近三年投资现金流净额属于收缩状态，2017年度经营现金流净额97.66亿元/净利润96.74亿元=1；可见五粮液2017年度经营得非常好（见表7-56）。

表7-56 五粮液净利润与现金流

（单位：元）

时间 科目	2017年	2016年	2015年	2014年	2013年	2012年	2011年	2010年	2009年	2008年
净利润	96.74亿	67.85亿	61.76亿	58.35亿	79.73亿	99.35亿	61.57亿	43.95亿	32.45亿	18.11亿
经营现金流净额	97.66亿	116.97亿	66.91亿	7.95亿	14.59亿	87.50亿	95.33亿	77.03亿	60.54亿	19.73亿
投资现金流净额	-2.01亿	-1.61亿	-3.94亿	-11.87亿	-3.22亿	-3.41亿	-6.13亿	-4.64亿	-42.57亿	-1.06亿
筹资现金流净额	-36.39亿	-31.94亿	-23.55亿	-29.89亿	-32.19亿	-21.14亿	-15.03亿	-6.48亿	-1.79亿	-0.03亿

资料来源：同花顺

7. 毛利率对比。

贵州茅台2017年度毛利率为89.80%，2008—2016年始终保持90%以上的高毛利率，也就是说一瓶白酒卖1000元，就会有900元以上的毛利润；A股市场中此种高毛利率的上市公司凤毛麟角（见表7-57）。

表 7-57 贵州茅台总营收等相关数据

时间\科目	2017年	2016年	2015年	2014年	2013年	2012年	2011年	2010年	2009年	2008年
营业总收入（元）	610.63亿	401.55亿	334.47亿	322.17亿	310.71亿	264.55亿	184.02亿	116.33亿	96.70亿	82.42亿
销售毛利率	89.80%	91.23%	92.23%	92.59%	92.90%	92.27%	91.57%	90.95%	90.17%	90.30%
管理费用（元）	47.21亿	41.87亿	38.13亿	33.78亿	28.35亿	22.04亿	16.74亿	13.46亿	12.17亿	9.41亿
销售费用（元）	29.86亿	16.81亿	14.85亿	16.75亿	18.58亿	12.25亿	7.20亿	6.77亿	6.21亿	5.32亿
财务费用（元）	-0.56亿	-0.33亿	-0.67亿	-1.23亿	-4.29亿	-4.21亿	-3.51亿	-1.77亿	-1.34亿	-1.03亿

资料来源：同花顺

贵州茅台2017年度（管理费用47.21亿元+销售费用29.86亿元+财务费用-0.56亿元)/（营业总收入610.63亿元×毛利率89.80%）=13.95%。五粮液2017年度毛利率为72.01%，近十年平均毛利率为68.23%，高毛利率十分稳定（见表7-58）。

表 7-58 五粮液总营收等相关数据

时间\科目	2017年	2016年	2015年	2014年	2013年	2012年	2011年	2010年	2009年	2008年
营业总收入（元）	301.87亿	245.44亿	216.59亿	210.11亿	247.19亿	272.01亿	203.51亿	155.41亿	111.29亿	79.33亿
销售毛利率	72.01%	70.20%	69.20%	72.53%	73.26%	70.53%	66.12%	68.71%	65.31%	54.39%

(续)

时间 科目	2017年	2016年	2015年	2014年	2013年	2012年	2011年	2010年	2009年	2008年
管理费用（元）	22.69亿	21.44亿	21.29亿	20.47亿	22.64亿	20.09亿	17.51亿	15.62亿	8.39亿	5.89亿
销售费用（元）	36.25亿	46.95亿	35.68亿	43.09亿	33.82亿	22.59亿	20.70亿	18.03亿	11.64亿	8.91亿
财务费用（元）	-8.91亿	-7.66亿	-7.32亿	-6.58亿	-8.27亿	-7.90亿	-4.77亿	-1.92亿	-1.10亿	-1.60亿

资料来源：同花顺

五粮液2017年度（管理费用22.69亿元+销售费用36.25亿元+财务费用-8.91亿元）/（营业总收入301.87亿元×毛利率72.01%）=23.01%。

8. 净利率对比。

贵州茅台近十年平均净利率为49.42%，尽管2016年下滑至46.14%，2017年度回升至49%。五粮液近十年平均净利率为30.72%，已经是非常高的水准且较为稳定（见表7-59）。

表7-59 净利率对比

上市公司	时间 科目	2017年	2016年	2015年	2014年	2013年	2012年	2011年	2010年	2009年	2008年
贵州茅台	销售净利率	49.82%	46.14%	50.38%	51.53%	51.63%	52.95%	50.27%	45.90%	47.08%	48.54%
五粮液	销售净利率	33.41%	28.75%	29.60%	28.83%	33.67%	38.00%	31.42%	29.35%	31.15%	23.06%

资料来源：同花顺

9. 净资产收益率对比。

贵州茅台近十年平均净资产收益率为34.39%，历年来略有波动，还算稳定。五粮液近十年平均净资产收益率为22.42%，低于贵州茅台（见表7-60）。

表 7-60 净资产收益率对比

上市公司	时间科目	2017年	2016年	2015年	2014年	2013年	2012年	2011年	2010年	2009年	2008年
贵州茅台	净资产收益率	32.95%	24.44%	26.23%	31.96%	39.43%	45.00%	40.39%	30.91%	33.55%	39.01%
五粮液	净资产收益率	19.38%	15.01%	14.93%	15.42%	23.71%	36.82%	30.01%	26.68%	24.95%	17.29%

资料来源：同花顺

通过简单的对比可以发现，贵州茅台不愧为行业龙头，仅在2017年度现金流净额小于净利润这一指标上低于五粮液。

10. 邓普顿估值法。

贵州茅台2017年度净利润271亿元，同比增长率为62%，近十年平均净利润增长率28%，2017年第四季度至2018年第三季度净利润总和为318亿元，为贵州茅台的未来净利润增速打个折扣，预期15%。

总市值7000亿元/未来五年后净利润640亿元＝11倍市盈率；远高于邓普顿估值法标准。

五粮液2017年度净利润97亿元，同比增长率为43%，近十年平均净利润增长率25%，2017年第四季度至2018年第三季度净利润总和为122亿元，为贵州茅台的未来净利润增速打个折扣，预期15%。

总市值1900亿元/未来五年后净利润245亿元＝7.8倍市盈

率；高于邓普顿估值法标准，低于贵州茅台。

11. 总报酬率估值法。

贵州茅台（预期净利润增长率15% + 股息率1.9%）×100/市盈率22 = 总报酬率0.77；

五粮液（预期净利润增长率15% + 股息率2.5%）×100/市盈率16 = 总报酬率1.1。

五粮液的总报酬率要低于贵州茅台。

12. 操作策略。

如图7-22所示，根据第三季度财报内容，五粮液的固定资产52.83亿元/总资产761.24亿元=6.94%，远小于40%这一数据。

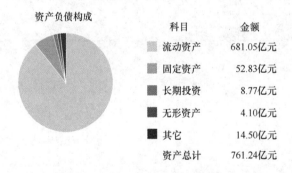

图7-22 五粮液资产负债构成

通过五粮液的高毛利、高净资产收益率，都可以将其定性为轻资产型上市公司，用市净率估值法辅助估值。

如图7-23所示，根据第三季度财报内容，贵州茅台的固定资产148.13亿元/总资产1471.48亿元=10.07%，远小于40%这一数据。

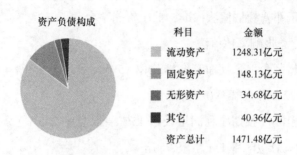

图 7-23 贵州茅台资产负债构成

贵州茅台也有高毛利、高净资产收益率,同样可以定性为轻资产型上市公司,用市净率估值法辅助估值。

如图 7-24 所示,1998 年至今,五粮液最高市净率 55 倍,最

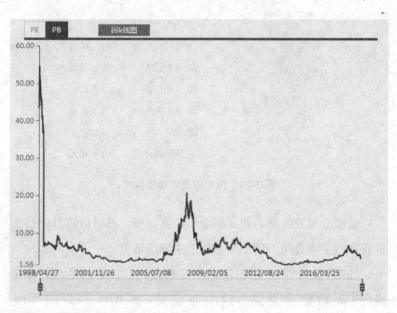

图 7-24 五粮液历史市净率

低 1.56 倍。

如图 7-25 所示,2001 年至今,贵州茅台最高市净率 30 倍,最低市净率 2 倍。

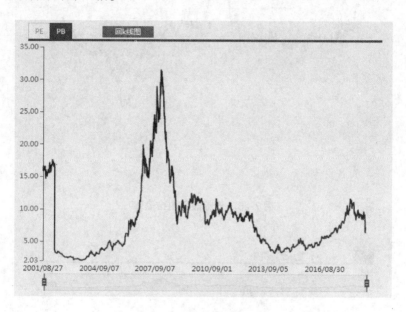

图 7-25　贵州茅台历史市净率

重点在于滚动市盈率,如图 7-26 所示,1998 年至今,期间有 2012 年白酒塑化剂事件,五粮液最低滚动市盈率 6.2 倍,最高 110 倍。

如图 7-27 所示,2001 年至今,同样因为塑化剂事件的影响,贵州茅台最低滚动市盈率为不可思议的 9 倍,最高滚动市盈率高达 100 倍。

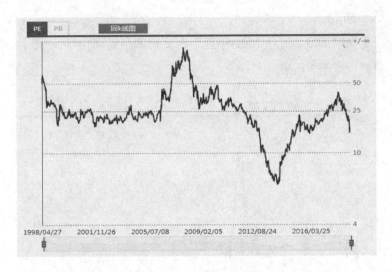

图 7-26 五粮液历史市盈率

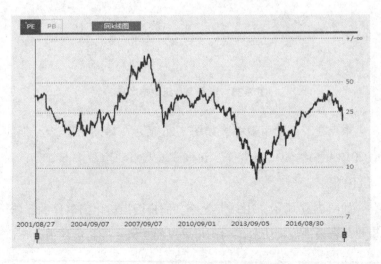

图 7-27 贵州茅台历史市盈率

从上市公司的质地角度观察，贵州茅台优于五粮液；从上市公司的估值角度观察，五粮液优于贵州茅台。

到这里，痛苦的问题来了。要承认，16倍滚动市盈率的五粮液还是22倍滚动市盈率的贵州茅台，是一道非常痛苦的选择题。

家电行业我选择了老板电器与格力电器，两者都位于低估值区间，前者具备戴维斯双击概率，我苦等了四年；后者更加稳定，且具备高分红。

银行业我依据估值表最终留下了农业银行，逻辑明确，银行股的整体差距也并不大，做出选择并不难，其港股也要更加便宜。

乳制品行业伊利股份的质地远远优于蒙牛乳业，在估值相差无几的情况下，自然选择伊利股份。

保险业通过深入对比，中国平安碾压同行，这道选择题其实不难。

酒行业贵州茅台的基本面的确强于五粮液，但是滚动市盈率高出了6倍，五粮液同样是优秀的上市公司，只不过在贵州茅台面前有些逊色罢了。前者在所有A股上市公司中绝对是数一数二的正经清流。

贵州茅台优于五粮液的质地，能否抵得过高于五粮液的6倍滚动市盈率，令我一时难以做出决策。

2018年第三季度贵州茅台业绩不及预期，2018年10月29日历史首次一字打到跌停板，这一天五粮液同样跌停。

考虑再三，我最终选择了贵州茅台。但还没有来得及下手，跌停后短短三个交易日的时间，贵州茅台又开始上涨。市场对于优秀的上市公司还是较为理性的，只要不是原则性问题，很难连续出现跌停板。

无奈，在贵州茅台接近22倍滚动市盈率时建仓0.5成，我有足够的耐心为茅台的下跌做出准备，虽然我不知道茅台还会不会下跌，同时设置三级加仓位：

20倍滚动市盈率加1成仓位；

15倍滚动市盈率加1成仓位（预计很难跌到的位置）；

10倍滚动市盈率加0.5成仓位（预计很难跌到的位置）。

对于减仓估值线设置如下：

40倍滚动市盈率减贵州茅台总仓位的1成，如果持有1000股，则减仓100股；

50倍滚动市盈率减仓贵州茅台剩余总仓位的1成；

60倍滚动市盈率减仓贵州茅台剩余总仓位的1成。

以此类推，如果在40倍滚动市盈率减仓后股价回落到20~25倍滚动市盈率，则加仓操作。

七、挑三拣四：合理的仓位组合

我的股票池始终包含着20只左右的精选股票，有买入了的，有看好的但还没有机会买入的，还有有待观察的。前文已经详细介绍的宋城演艺（仓位不多）、老板电器、格力电器、伊利股份、农业银行、中国平安、贵州茅台均有仓位。

雅戈尔同样有仓位，虽然没有详细介绍。它有三大主营业务，服装与地产经营得非常好，投资方面也很出色，股息率要高于银行，分红慷慨。

一家股息高于银行、成长性高于银行、经营稳健的优秀上市公司，是没有拒绝买入的理由的。雅戈尔由于受到投资业务的影响，具备券商的周期性；牛市业绩更好，熊市业绩普通。甚至可以将雅戈尔完全视为券商股操作，熊市越跌越买，牛市越涨越卖。雅戈尔的高股息率则是券商所不具备的。

我还有几只减仓后仓位并不是很多的股票；例如汤臣倍健25倍滚动市盈率买入、生物股份20倍滚动市盈率买入、中信证券与同花顺在市场很熊的时候建立了少量底仓。券商的周期很容易把握，熊市跌幅惨烈，往往牛市打响第一枪，涨幅猛烈。牛市中投资者活跃，交易量大，那些交易量便带来了券商利润的一部分。熊市买入跌得最惨的券商，是一种顺应周期的投资方式。虽然中信证券的净资产收益率并不高，但我还是没有忍住在熊市中信证券凄惨时买入了部分中信证券的股票……

同花顺的主营业务投资者都在使用，无论是电脑端还是手机端，都非常好用。多年的财务报表也非常优秀。我使用了市销率估值法进行估值，与市盈率估值法逻辑相同。还不止如此，同花顺的现金流非常好，增速表现极其优异，无借款、高毛利比肩茅台。

还有福耀玻璃，是在14倍滚动市盈率买入的，这同样是一家优秀的上市公司。

吉林敖东足够便宜,我曾在烟蒂估值法中讲到。

我往往重仓3~5只股票,轻仓多只个股。对于长期观察看好的股票,当跌到我设置的估值线时,我总会忍不住买入一些。由于严格执行仓位的管理方法,熊市初期少有满仓的时候。有时机会来了,也会调仓换股,可以很灵活地操作。

在买入股票的时候,我十分理解彼得·林奇的心情,对于看好的股票总想买入一些,有些忍不住……这种冲动不能加以克制并非好事,类似于很多女性朋友总会存在着清空购物车的冲动,导致在更低位缺少资金买入。

还好长期以来估值线给予了我很大的帮助,依据估值线设置交易点位,可以很主动地投资,不怕被套。

我的持仓平均大都在10只股票左右。虽然彼得·林奇是典型的分散投资,一生买过太多只股票,但投资不是要去复制谁,也复制不来,适合自己、简单就好,投资体系要符合自身的性格与认知。

对于爱尔眼科、恒瑞医药、海天味业、上海家化这种股票我非常喜欢,爱尔眼科与恒瑞医药大都在56~60倍滚动市盈率之间,海天味业大都在40~50倍滚动市盈率之间,上海家化也还没有跌到我理想中的估值线。我无法说服自己买入如此高市盈率的股票。就像等待老板电器一样,我期待这些股票有意外情况,比如业绩不达预期,戴维斯双杀,那个时候我会根据估值线进行买入。

同时我最期待的是贵州茅台，我在 22 倍滚动市盈率时建仓，非常期待贵州茅台跌到更低的估值位置。就算已经满仓，我也会调仓买入茅台。

还有一些小盘股，市值略高，成长性非常好，这种股票中很容易出现几倍甚至几十倍增长的大牛股，但是我看不明白、看不懂的股票坚决不会买。我也不会认为可以在几千只股票中挑选出像格力电器、云南白药之类的大牛股。

我最喜欢的还是有着稳定成长预期、高分红的股票，分红后再投资，进行复利操作。

虽然根据西格尔教授的研究结果，长期持有股票的绝大多数收益来源于红利再投资；还记得第四章第八节中的回报率内容么，如同我们看到的指数年化回报率，截取不同的时间点，年化回报率的数据是不相同的。

1977—1990 年这 13 年的时间里，彼得·林奇拥有着年化回报率 29% 的惊人投资业绩，他买入的绝非都是高股息率的股票，小盘股占据多数。而我还是热衷于高分红的稳定成长大盘股，灵活投资是彼得·林奇的巨大优势，但未必适用于我，安全的投资表现更令我期待。

八、 投资清单： 失败的投资更加珍贵

实际上，相比于我成功的投资操作：伊利股份、格力电器、中国平安、雅戈尔、老板电器、汤臣倍健等股票，我也有着非常

愚蠢的失败操作。

我卖飞过每股 30 元的中国平安，在每股 52 元接了回来；卖飞过每股 14 元的伊利股份，这一笔比较幸运地在每股 16 元接了回来；卖飞过每股 25 元的泸州老窖，之后该股在一年多的时间中连续上涨到了每股 74 元；卖飞过每股 8 元的青岛海尔，之后该股涨到了每股 22 元；错过了 15 倍市盈率的贵州茅台。这些通通是我不想提及的痛，一生的投资伤痕。

我甚至无知地买过紫江企业、开尔新材、同方股份这些我并不了解的上市公司，在买入后才发现这些上市公司并不符合我的选股标准，于是我选择割肉卖出，唯一幸运的是及时止损，亏损并不多。

我发现这三只股票完全是因为投机：听信消息、陷入题材、追逐热点。投资中该犯的错与不该犯的错，无一例外，我几乎都犯过，对此我毫不回避。相比于他人总是提及成功的投资经历，我认为失败的投资经历更加珍贵。正是亲身经历过的失败案例，让我充分认识到了价值投资的重要性。投资股票，如果抛开价值，与耍流氓无异。

失败经历所带来的亏损，便是学习投资的学费了，只要真的学到了"课程"，一点也不亏。

或许在 A 股市场，投资者买入的是什么并不重要，重要的是牛市来临的时候，身处其中，任何股票都会大涨。可问题在于，对于不熟悉的或者不满意的上市公司，我做不到长期持有，拿在手中很不踏实。我也不知道对于此类看不懂的股票该如何进行估值,虽然在牛市的疯狂时期,很多股票甚至可以上涨到几百倍几千倍的市盈率,但是该卖在哪里呢?

一只股票想要获取最大的安全利润,在于买的位置足够低,但最后总是要卖出去的。

当我持有喜欢的、熟悉的上市公司股票时,在合理估值或者低估值买入,哪怕经历股灾,依旧淡定,足够坦然,虽急也没用……关键在于投资者足够了解上市公司的质地,同时明确估值。低估值的上市公司是无须担忧下跌的,经营没有问题,基本面没有变化,迟早会涨回来的,穿越牛熊,涨出新高,只是时间问题而已。

我在每一次的错误投资后进行复盘,无论是卖飞的好股票,还是投机买入后割肉的平庸股票,都在于将投资变得太复杂了。

卖飞好股票,是想通过高频率的低买高卖,摊薄持仓成本,属于投机行为;听信消息、追逐热点,进行技术面分析,更是典型的投机行为。

在投资方面我有很多缺点,拥有绝对长期持有的耐心,但是缺乏等待股价回落后再买入的耐心(担忧踏空),这是我最大的劣势,与我的性格有关。投资来源于生活,离不开常识,性格很重要。

但长期持有的耐心使我难有亏损,这是非常重要的投资优势,符合我的性格。长期持有一只优秀的上市公司股票,时间足以抹平持有期间一些错误的小操作。

我曾经拥有上百套技术指标,设置了两个模拟账户,分别为长期持有账户与频繁操作持有账户。长期持有账户买入好股票两年的时间跑赢大盘22%，频繁操作的账户两年的时间浮亏40%；在这两年的时间中，大盘处于震荡周期，震荡并不剧烈。

频繁的操作都太复杂了，巴菲特从来不会去预测宏观经济，不预测市场的波动，是他不能够去预测么？其实投资大师们大都如此，将复杂的事情简单化，买股票就是买上市公司，买股票就是以合理的价格甚至低估值的价格买入那些可以持续盈利的好企业，仅此而已。但是从来没有哪一位投资大师具体说明了该买在哪里、卖在哪里。熊市买入、牛市卖出，恐慌买入、贪婪卖出，同样是没有标准的笼统概念。投资者或许可以正确预测三次甚至五次的市场波动，但总有失败的时候。

所以我需要完善自身的投资体系，选股与估值仅仅是一部分，还需要成熟的买入与卖出标准。将投资体系简单化，用一把尺子作为标准，对于长期观察喜欢的好行业中的好企业，抛去一切的外部因素影响，以我设置的估值线为标准进行操作，从而将投资真正简化。

这还并不是所谓的量化投资，选股与估值是一门艺术，也是一门科学，没有标准，我只是将选中的好行业与好企业刻上估值线的标准，这就够了。

如果某一天我忍不住去投机，或许我会选择买入一手低价格最差的上市公司放入我的仓位中，以此警醒我自己：不要投机。

第八章 投资最大的敌人是自己

投资通过选股、估值、仓位管理,以及拥有一颗坚韧的心,是可以战胜市场的;但市场中大部分的投资者依旧会失败,为什么?

一、游手好闲:投资失败

投资可以很简单,学习投资也并不难,可因为侥幸心理,更多的投资者是失败的。

无论是什么股票,纵观历史,都是围绕着估值与业绩、那条神奇的估值线运行,而不是单是某一个板块或某一个指数。

上涨的,会有各种上涨的理由言论,哪怕它是没有业绩的、会套人的、会亏损的。

下跌的,会有各种下跌的理由言论,哪怕它是有业绩的、最终也是会上涨的。

股市中的信息量太大了,其实对于普通投资者来说,90%的信息是无用的。庞大驳杂的信息,风口的变动,会导致人们产生出一种侥幸的心理:或许挑选一只差不多的股票,就会有巨大的收获。我甚至见到过,有根据股票代码的数字是否"吉利""顺眼"而交易股票的投机者。

而侥幸心理,来源于惰性。世界的内在运行是有规律的,有因必有果,轮回交替,有上涨就有下跌,不去付出,一定没有回报,获取回报是需要付出勤劳与汗水的。

学习投资或许是一个枯燥的过程,需要学习基本面分析,学习看财务报表，学习估值。诚如芒格所言，终身都在学习，未曾落下，不然会被淘汰。

二、无动于衷：一生只打 20 个洞

巴菲特曾言，如果投资者一生只有 20 次的投资机会，用一次少一次，那么投资业绩一定会非常好。

这个说法十分有趣，虽然巴菲特一生所买入的股票绝对不止 20 只，但如果投资者谨记这段话，便能珍惜每一次的买入机会，真正认真选股。

一生只打 20 个洞这一理论，也并没有被断章取义，巴菲特只是告诫投资者，所买入的每一只股票都要经过深思熟虑，精选个股，切忌频繁操作。

投资要买入最熟悉的上市公司，如果不能持有这只股票十年，就不要买入，巴菲特最喜欢的持股时间是永远。投资者应始终铭记，买精买熟，频繁交易是投资大忌，如何强调都不为过。

作为在买入股票后就很少交易的投资者，在熊市中我的操作几乎仅限于买股票，在牛市中我的操作几乎仅限于卖股票，依据估值线操作，交易次数少得可怜。可想而知，在震荡市场中我是几乎不会操作的，因为操作机会太少了。

而我所开户的券商也是非常负责任的，时间久了都会打来电话问候一声，以示尊敬，甜甜的声音自手机中传来："您好，最近的行情还是不错的，大盘震荡上扬，您都好久没有操作了。"

貌似在这一瞬间，我的内心是有过感动的，这家券商真良心啊……

芒格曾言：如果我知道自己会死在哪里，那我一定不会去那里。是吧，我又不傻。

他为此举出了一些投资"作死"的花样技巧，其中一条就是选取那些佣金最高昂的券商尽情地交易吧。

频繁操作还会存在很多问题，尤其是对于低估值的好股票，容易丢失廉价的筹码。当丢失廉价的筹码时，很多投资者会选择以更高的成本追回，不仅没有达到降低持仓成本的目的，反而增加了成本，可能为了眼前的几个点的利润，而放弃了更大的涨幅收益。

网络时代信息发达，很多股评在推荐涨停板，可他们的预测真要如此精确的话，怎么会有闲心给投资者推荐呢？

我们来计算一组最简单的数据：一个涨停板是10%的利润，不要有那么高的要求，就按照最保守的数值计算，甚至不要求半个涨停板，每天就赚取1%的收益即可。

一年有365天，股市中一年大约有250个交易日，我们按照200个交易日计算，1.01的200次方等于7.32，一年下来就是7.32倍的收益率。有这种收益能力，用不了几年的时间，财富将超越巴菲特！

其实所有经常要考虑卖出的股票，都不是好的投资；交易决策越少越好，这是一个基本的数学原理。如果投资经常需要考虑是否卖出，那么长期的正确概率会迅速下降。

第八章 投资最大的敌人是自己

从另一个意义上来讲,为什么过去买房子的人,都做对了?一切其他因素都不谈,只谈概率,因为买房者多是刚需,也不想着何时卖出。他们只需要做一次决策,因此概率上正确的可能性就加大了。

我将股票池设计为 20～50 只左右,并非全部买入,而是将自己最熟悉、最了解、最看好的股票放入其中,如果有哪一只基本面出现了问题,将踢出股票池。

当投资者少做决策,而每次决策又都是慎重决策,那么投资者就离成功和正确更近了一步。

而频繁操作非但不赚钱,更容易导致亏损;格雷厄姆通过大量的实际案例分析以技术指标交易股票的结论是:方法流行之时,也正是失去效力的时候。我敢断言,几乎所有的投资大师都研究过频繁的短线交易,不过最终他们都放弃了,因为这样不赚钱。

在邓普顿 1945 年致投资者的备忘录中有这样一段话:阿尔弗雷德·考尔斯最近完成了对每周结果的研究,这些结果是通过跟踪 11 家发布股市趋势预测的机构 1928—1934 年的预测建议所得。他发现,这些预测结果仅比随机预测结果精确 0.2%。

股市的历史玄而又玄了几百年,不是没有道理的,无法预测。各种预测众说纷纭,但大都是杂音,影响投资者的判断。

《漫步华尔街》这本书被各大商学院指定为 MBA 的必读书,作者在书中直言不讳:

1. 技术分析是不靠谱的,在逻辑上就站不住脚跟。

2. 列举了大量证据来证明股票的价格波动无法预测，那些有能力预测股价波动的基金经理和券商分析员都是骗子，猴子都可以通过扔飞镖的选股方式战胜基金经理。

这自然造成了基金经理以及金融专业从业人员对于该作者恨之入骨，但又无可奈何，毕竟有大量的证据证明，事实胜于雄辩。

投资者只能靠价值来判断该上市公司是否被高估，买在底部区域，卖在高位区域，而不是买在最低点和卖在最高点，没有人可以真正地抄底逃顶。

与短线相对应的长期持有，让我们再举个例子。

在A股中给投资者带来最大回报的并非贵州茅台，如果选出三个指标，最高回报的股票、时间最好的朋友、最懒的投资，A股中一家房地产公司就可以满足：万科A！

如果投资者在1991年以每股5.61元买入万科的股票，截至2018年，27年的时间，最低价与最高价区间的涨幅在76568%；27年766倍；要知道，全球投资大师邓普顿的业绩是50年550倍。

看完了这组数据，投资者还会想着做投机么？

这是一种无比舒畅的过程，持有一只回报最高的股票，躺着不动，财富就如同流水似的流入。但这种舒畅是在事后才会感受到的，过程中并不舒畅，所以熊市中老老实实地持有股票，本身就是一种最好的投资。

从万科上市至今持有几十年的，已经知道的也就刘元生董事长;由此可见,长期持有,穿越牛熊的持有,对于99%的投资者来说,难于上青天。

从某种角度观察,刘元生在投资中犯了太多的错误;满仓单只个股,这辈子就买了一只股票,持有了几十年。这违背了投资要分散的仓位策略。但已经这不重要了,还是经不住一只股票的高速成长,360万元变成了10亿元。

投资者甚至不知道刘元生的选股技巧,不过他观察了王石好多年。

投资存在运气成分,可还是敌不过好股票的长期利润与长期持有。

诚如芒格所言,如果去掉我们最成功的十笔投资,我们就是一个笑话;芒格没有说的是,如果没有长期持有最成功的十笔投资,我们依旧是个笑话。

投资者需要执行的策略简单到难以置信,不需要政策面、不需要消息面、不需要技术面,拿得住就好,手不能撒。

任何事情,不要纠结于今天明天,跳出来看,拉长来看,脉络就会清晰起来。次日的天气情况很难预测,连天气预报都会失准,但拉长来看,一年四季更替,这是十分清晰的。股市虽然不会像四季那样确定,但总是要回归的。

三、跟随股神: 常在河边走哪有不湿鞋

股市中存在十分有趣的现象,很多投资者通过机构来判断是否买入某只股票，如果所有的机构都在股市中赚钱的话，那谁亏损呢？

每年都会有基金经理亏损，熊市的时候更为惨重；看看那些只需要瞄上一眼财报就知道非常低劣的上市公司，业绩大幅亏损，毛利率都要没有了，竟然还会有基金买入，这种基金不亏损像话么？

在《彼得·林奇的成功投资》中，彼得·林奇已经充分揭露了基金行业的问题，蔑视同行。

而且，当投资者得知机构买入某只股票时，或许股价已经大涨，机构的成本更低；普通投资者更不知道机构何时卖出，当得知机构卖出时，或许股价已经一落千丈。

亦有投资者热衷于看券商的调研报告。有趣的现象是，券商调研每一家上市公司，所发表的结论都是积极看好的，这其中存在着很大的问题。券商也好，基金也罢，如果真的仔细调研的话，就不会投资一些典型的低劣公司了。

就连鼎鼎大名的巴菲特同样有着许多失败的投资案例。

1962年巴菲特开始买入伯克希尔的股票，事后为其注入大量的资金与精力，事实证明这是一笔失败的投资。

2011年伯克希尔·哈撒韦买入IBM股票，并成为该公司的第一大股东，一套就是五年，2017年短暂解套。不过IBM股价此后又开始下跌，最终巴菲特不断减仓IBM的股票，割肉出局。

巴菲特曾在致股东的信中说到对于能源期货控股公司（Energy Future Holdings）的投资是一个错误，非常巨大的错误。

巴菲特曾经在 2008 年表示自己犯了一个非常严重的错误，在石油和天然气价格接近最高点时增持了康菲石油的股票。2008 年下半年，能源价格下跌，但是他认为这只是一次回调，未来的石油价格会比 40~50 美元高得多，但是事实证明这是错误的估计，损失高达数十亿美元。

巴菲特在 1989 年以 3.58 亿美元投资美国航空公司股票，然而随着航空业景气一路下滑，投资失败，他为此懊恼不已。在 1999 年发表著名的太阳谷演讲时，巴菲特说道："飞机是 20 世纪上半叶的一项伟大发明，从 1919 年到 1939 年，一共诞生了约 200 家飞机制造公司。假如你当时看到莱特兄弟试飞小鹰号，你肯定会为当时航空业的投资前景激动不已。但是事实上，截至 1992 年，所有航空公司的合并净利润是零，没错，连一毛钱也没赚过。"

2013 年巴菲特在接受记者采访时透露，1993 年以当时价值 4.2 亿美元的伯克希尔股票收购美国鞋企 Dexter 是一笔最惨痛的失败投资。

在大量的真假信息中，筛选出有用的信息，具备分辨是非的能力，唯有通过学习，不断提高自身能力；不论生活还是投资，皆是如此。

四、大跌眼镜：牛市买股票有多惨

细数人类历史上的金融骗局，包括著名的荷兰"郁金香狂热"和英国"南海公司骗局",参与者损失惨重,隔着历史,我似乎都可以感受到参与者曾经的撕心裂肺。

17世纪中期,郁金香被引入西欧,量少价高,尤其是被当时的上层阶级视为财富与荣耀的象征。于是人们看到了商机,开始囤积郁金香。郁金香的作用逐渐不再限于欣赏,而是从价格上涨从中获利。后来由于价格太高,支付的资金无法跟上,郁金香的价格突然暴跌,六个星期的时间价格下跌90%,这一市场彻底崩盘了,郁金香的狂热造成千百人倾家荡产。

1719年5月,法国股票价格连续上涨了13个月,股票价格从500里弗尔涨到一万多里弗尔,涨幅超过了20倍!涨多一定会跌,涨得越多,跌得越惨,1720年5月法国股市开始崩盘,连续下跌13个月,跌幅95%。

1711年南海公司成立,到1720年,因为传播虚假信息等原因,股价受到一系列的追捧,其中包括半数以上的参众议员,就连国王也禁不住诱惑,认购了价值10万英镑的股票,社会各界人士,包括军人和家庭妇女,甚至物理学家牛顿都卷入了漩涡。人们完全丧失了理智,他们不在乎这家公司的经营范围、经营状况和发展前景,只相信创始人说他们的公司如何能获取巨大利润,唯恐错过大捞一把的机会。南海公司骗局让政客忘记了政治,医生丢弃了病人,店主关闭了商铺,牧师都离开了圣坛去买股票!

最终,泡沫覆灭,政府对南海公司的资产进行清理,发现其实际资本已所剩无几,那些高价买进南海股票的投资者遭受巨大

第八章 投资最大的敌人是自己

损失。许多财主、富商损失惨重,有的竟一贫如洗。此后较长一段时间,民众对于新兴股份公司闻之色变,对股票交易也心存疑虑。历经一个世纪之后,英国股票市场才走出"南海泡沫"的阴影。伟大的科学家牛顿也为此亏了两万英磅,这相当于他十年的收入之和。

"我能够算准天体的运行,却无法预测人类的疯狂。"这句话诞生在这里。

投资是一门艺术,而非科学,是没有标准的。此后英国人在一百年的时间里没有发行一张股票,或许美国华尔街该感谢这一次的泡沫。

1994年,互联网进入公众视线。之后几年,创新者、跟随者前赴后继。那时候,没有任何实质性运营和架构,甚至没有任何实质资产,创业公司只要带上".com"就价值翻倍。同时,二级市场里,概念股迅速火爆,纳斯达克指数的斜率陡然攀升,互联网大泡沫迅速形成。

1999年年末泡沫化接近极致时,纳斯达克市值达到5.2万亿美元。巴菲特从来不买科技股,那时备受质疑。

2000年美国互联网泡沫破裂,自2000年3月份,道琼斯指数在5132.52高点,暴跌至2002年1108.49低点,历时32个月。

如今的比特币成功逆袭,超越了郁金香狂热与南海公司骗局。

在2010年,一份价值25美元的比萨就要花掉1万枚比特币,相当于一枚比特币价值0.25美分。七年时间身价暴涨800

万倍。

截至北京时间2018年11月20日12时,与2017年年末19299美元高位相比,比特币跌幅累计达76%。

比特币的"雪崩"也引发了一系列连锁反应:以太币、瑞波币等币种纷纷暴跌,整个数字货币市场价值仅剩下1500亿美元,与年初8500亿美元的规模相差甚远;腰斩、腰斩再腰斩。

我敬佩买入比特币的投资者们,可以将不会产生价值的虚拟数字当作信仰,那是一种难以想象的信仰。

回到A股,每一次的牛市涨幅越猛烈,下一次的熊市跌得也就越惨。2012年12月创业板在585.44低点开始上涨,最高上涨至2015年6月4037.96高点,达到135倍市盈率左右的疯狂估值;此后开始下跌至2018年12月1184.94低点,28倍市盈率估值,43个月的下跌周期,跌幅71%。

1990年12月至1992年5月,中国股市建立初期,上证指数18个月上涨1392%,而后迎来了7个月下跌73%的熊市;1992年11月至1993年2月,上证指数4个月涨幅303%,迎来了18个月下跌79%的熊市;2005年6月至2007年10月,上证指数29个月上涨520%,迎来了13个月下跌73%的熊市。

每一次股市上涨时疯狂,下跌时同样是狂风暴雨;好比一根弹簧,当弹簧被摁得狠了,积蓄的能量多到摁不住的时候,会猛烈反弹,弹簧自身都会反弹到飞起来,摔得也会很惨。

泡沫毁灭后,在残垣断壁的废墟中,蕴含着满满的生机。

五、投资忠告： 活下去就是赢家

股市中大浪淘沙，英雄年年有，但常青树太少。

有很多投资者崇拜杰西·利弗莫尔，他生于美国马萨诸塞州，是20世纪20年代纽约华尔街活生生的传奇人物。他是个数学天才，一生经历多次破产，生活奢靡和放纵。传说1934年他最后一次破产后，已经无法东山再起了，市场的规则也在变化，他有些跟不上了。或许因为家庭和感情问题，或许有其他原因，最终他以开枪自杀的结局而告终。

投资总有失败时，贝托·斯坦曾经在华尔街创下一笔赚取十亿美元的成功投资。传说最终被几百名愤怒的客户控告诈骗而入狱十年，后来一文不名。

汉克·卡费罗曾经是美国股票历史上著名的股票分析师，有着连续22个月盈利而不亏损的纪录，然而，传说他死时身上只有5美元。

迈克·豪斯有着七年位居华尔街富豪榜榜首的惊人纪录，传说在45岁时因为破产而自杀了。

投资做到知行合一更难，被尊为成长股投资策略之父的费雪其实已经预见了1929年美国股市泡沫即将破灭，在1929年8月，向银行高级主管提交了一份"25年来最严重的大空头市场将展开"报告，但还是没有忍住诱惑，买入了几只便宜股票，损失惨重。

索罗斯被称为打败了英格兰银行的男人，绝对的投资天才，1999年并不看好美国的科技股，但在2000年量子基金买入科技股，损失惨重。

被股民奉为香港股神的曹仁超，因为躲过1973年至1974年的股灾，信心大增，在1974年7月港股跌至290点时开始抄底，全仓买入和记洋行，亏损80%以上。就连被尊称为"价值投资之父"格雷厄姆，也曾投资失败，面临破产。巴菲特这等证券投资大才，也遭遇过滑铁卢。

以上仅仅是失败投资的一角，世界上没有神，股市中亦没有股神，对于股市波动规律的认知，是极具挑战的世界性难题。

只要可以在股市中永远生存，就已经超越了90%的投资者。其实并不难：谨慎前行，做最简单的投资，闲钱投资不加杠杆，不满仓单只股票，不言抄底逃顶，拒绝投机，买入好股票长期持有。但真正做到的投资者，少之又少，人性这道投资最大的天堑，阻挡在所有投资者的面前。

诚如巴菲特所言，没有人愿意慢慢变富。

六、 如果重生： 投资可以重来

如果每个人都有机会带着记忆重活一次，会怎么活？

著名喜剧演员沈腾的一部电影叫作《夏洛特烦恼》，非常有趣，沈腾饰演的夏洛在醉酒后的梦中穿越了，发生了一段令人啼笑皆非的故事。带着记忆穿越后他名利双收，美女在怀。可患难

第八章 投资最大的敌人是自己

见真情,梦醒,夏洛真的知道自己想要的是什么、最重要的是什么了。可是,人生当真有重来的机会么?人生没有,股市有。

人生没有回头路,但对于股市投资者来说,股市每一次的低估值,都是财富机遇,每一次的机遇,都是一次带着记忆的回头路。每一次熊市所经历的,都是曾经走过的路,每一次的重来,都是莫大的机遇。

对于股市投资者来说,最重要的就是低估值市场中的低估值股票。

忘记那些为了取悦而生的观点,什么下降通道、下降趋势,熊市不跌还是熊市么?不跌会有便宜货么?

不要等估值高了,再想到原来最重要的是低估值;股市中每一次的低估值,都是给予投资者一次带着记忆重生的机会。

熊市买股票,越跌越买,这句话我想说上百遍,一百遍啊一百遍……

越是惨烈的熊市,投资者越应兴奋,而非恐慌,比惨不是坏事,熊市就该有个熊样,当怂!

虽然熊市买股票多半会继续下跌,但在多年后回首时,会发现当初的痛苦时期竟然是最舒服的买点,熊市买股票,总是幸运的。

第九章 未来价值投资的制高点

一、经久不衰：金融业

　　我投资的行业简单到难以置信，严格意义上来讲，仅限于金融行业与大消费行业，这两种行业足够简单，更是人们生活中所不能缺少的。

　　市场中很多的价值投资者往往都是伪价值投资者，所谓的讨论与剖析仅限于题材故事的想象力，似乎某上市公司即将有着巨大的创新，那就是值得长期持有的好公司。

　　这类创新是否真的成功，如何盈利变现，一切还都是未知数，可往往很多投资者乐于为此支付高昂的价格。

　　从古至今，金融业与大消费都伴随着人们的发展而发生，生生不息，无论是战争、灾难还是金融危机中，金融业与大消费都不会消失。这就是投资所选择的好行业，是人们所需求的行业。

　　威廉·戈兹曼教授在《千年金融史》中说道：在人类数千年的历史中，货币化不仅促进了人类的良性发展，而且还正面地改变了一切！金融使得文明的进步成为可能。

　　银行业是金融业，是人们离不开的行业，亦是很赚钱的行业，左手收钱，右手放钱。

　　保险业是金融业，是一门讲究概率的好生意，具备相比于银行更加广阔的提升空间，人们未来一定是离不开保险的。

　　证券业分别对接投资者与上市公司，收取咨询费用、佣金，还可以自营投资赚钱，只要股市存在，这一行业就会存在。证券公司熊市跌得越狠，牛市涨幅越大。

这种简单的基业长青的行业，永远是投资的好行业。

金融业还包含信托业与租赁业，不过我有些看不懂，所以很难去买入相关股票。

二、 基业长青： 大消费

大消费类行业是一个笼统的概念，但凡有消费需求都可以算作大消费行业，包括食品饮料、白酒、医药保健、品牌服装、旅游、零售、家电、汽车等。

伊利股份属于食品饮料行业，我每天都在喝伊利的乳制品；汤臣倍健属于保健品行业，随着老龄化社会到来，保健品将越来越畅销与暴利；宋城演艺是做旅游的，旅游演出服务非常优秀，拥有现成的庞大人口市场；老板电器与格力电器是做家电的，产品质量优秀。这些都是人们离不开的行业，甚至是我们每天都在接触的行业。

但是我没有买入汽车行业的股票，虽然我很看好上汽集团与比亚迪，前者在低估值拥有6%甚至更高的股息率，后者的产品与创新非常出色。但是这一领域似乎要有重大的变革了，如今传统汽车公司在积极探索新能源智能汽车领域，互联网公司巨头们也加入了这一行业。

百度、阿里、腾讯、京东、苹果等公司都在积极拥抱新能源汽车，新能源汽车似乎会是下一轮科技革命的窗口。

新能源汽车太火爆了，巨头们都在参与，前景太好了，真正的突破者将会成为最大的赢家，这似乎是很好的投资机会。但是我望而却步，选择走人，不买汽车类股票了。我不知道谁会赢，都是有实力的大公司，有资金、有技术、有人才，但是参与者太多了，似乎都能胜出，但又不知道谁会笑到最后、谁会成为龙头。科技的变化太快了，不进则退，退则意味着衰败或者被淘汰。

科技的进步始终在改变人们的生活，但纵观历史，活过百年的科技公司，有几家？

作为投资者，所需要的并不是改变世界的科技，而是上市公司的利润。

诺基亚、摩托罗拉虽然没落，当年辉煌也是一路竞争出来的；微软公司、苹果公司，也是上万家科技公司中成长起来的；巨头公司，就那么几家。

截至2017年9月底，中国共有实体注册企业数量2907.23万家，如此庞大的数量，也仅仅诞生了一家阿里巴巴、一家腾讯、一家百度、一家京东等少数互联网巨头。

投资者与其拥抱高度竞争化的产业，哪怕投资前景巨大，倒不如拥抱现成的稳定收益上市公司。我买入了少量的福耀玻璃，既然不能参与新能源汽车的投资，那就参与相关产业链吧。无论什么样的汽车，哪怕上天了，也要安装玻璃吧。

随着消费升级，文化传媒等创新领域似乎也成了大消费中的一员，不过我依旧保持警惕的心理，大消费行业也分熟悉的与不熟悉的，在我还没有糊涂之前，只投资自己熟悉的。

而食品饮料、医药保健行业则具备成为百年好企业的优势条件。

三、股神推荐：指数基金

著名基金经理彼得·林奇蔑视同行，通过实验得知，甚至七年级学生们的模拟盘都可以跑赢99%的基金经理。

投资基金就是投资基金经理，长期跑赢市场、为投资者带来丰厚回报的基金经理，例如邓普顿、约翰·聂夫、彼得·林奇等是极少数的。

无论是私募基金还是公募基金，如同市场一样，也会二八分化；即20%的少数基金赚钱，80%的基金平庸。

公募基金经理少则几十万元年薪，高则几百万元年薪，千万元年薪的较少。私募基金则不同，赚取的是绝对的收益，例如赚取了一亿元，会有20%的业绩提成，两千万元左右。

优秀的基金经理业绩好，收益自然高，最重要的还是看规模；基金都会收取投资人的管理费，所以管理的基金规模越大，收益越高。但随着基金规模的变大，管理难度也变大，更多的资金量反而不容易取得更高的收益。

彼得·林奇曾言，随着所管理的麦哲伦基金规模增大，难度也增大，所以他必须更加勤奋，像一只勤奋的兔子，发现更多的优秀公司进行买入操作。

1985年，著名基金经理约翰·聂夫所管理的温莎基金为了防止规模庞大，从而难以管理，选择停止接受新的客户。

相比于来者不拒的基金，此类基金当然最在意的是业绩与投资人的回报。

如果说投资者投资股市的风险是买入平庸的上市公司，那么投资基金就面临两种风险，投资买入平庸上市公司的平庸基金经理。

投资者在难以选择出优秀基金经理的前提下，该如何选择基金呢？那就选择指数基金吧，这是可以不断成长的基金。

每个国家的经济发展阶段不同，主导的行业是不同的，随着时间的流逝，新兴产业会替代被淘汰的产业，新进的优秀上市公司会替代老旧的上市公司；而指数随着行业与企业的变化，不断地进行优化，淘汰平庸的，拥抱优秀的，只要股市不关闭，指数将会永远优化下去！

上证指数是上海证券交易所综合股价指数，代码为000001，样本为所有在上海证券交易所挂牌上市的股票；深证成指是深证成分股指数，代码为399001，按一定标准选出500家有代表性的上市公司作为样本股。

对于指数基金我主要关注上证50指数基金与沪深300指数基金；上证50代码为000016，挑选上海证券市场规模大、流动性好的最具代表性的50只股票组成样本股。沪深300指数代码为000300，样本股涵盖了沪深两个证券市场上最具有代表性的300只股票，可以反映内地证券市场的价格走势。

第九章 未来价值投资的制高点

上证50指数与沪深300指数都是蓝筹股的代表，前者市值最大，50只股票占据了市场一半的市值，又称"超级大盘蓝筹股"；后者由沪深A股中规模大、流动性好的最具代表性的300只股票组成，又称"大盘蓝筹股"，由于数量多，所包含的优秀企业更多，更能体现整个A股市场，具有良好的市场代表性。

两者间有重叠部分，走势相差无几，涨跌同现，不过沪深300指数覆盖的股票数量更多。

当两者的样本股中存在表现不佳、暂停上市或者退市的股票，则从该指数中剔除，从备选中按照排名加入，也就是说是有良好流动性的。

而指数基金则根据相对应的指数选择投资标的，投资者所买入的是指数基金，而非指数。

当然指数基金也有分类，分别为复制型指数基金与增强型指数基金；前者几乎完全按照指数的成分与权重进行配置；后者在投资大部分指数权重配置的基础上，还会有其他投资行为。

至于具体该投资上证50指数基金还是沪深300指数基金，是很难进行判断的，任何投资者都不能预测市场的波动，不能预测哪一只股票会有最大的涨幅。我会选择两种指数基金都买一些，重点选择管理费用更低的相关指数基金。

巴菲特同样对于指数基金情有独钟，在2017年伯克希尔·哈撒韦的第52届股东大会上，巴菲特再一次推荐指数基金。

2007年，巴菲特心血来潮，曾设下了一个有趣的50万美元慈善赌局，打赌没有任何一位职业投资人可以选出一个包含至少五只对冲基金（去除各类成本费用后的净回报）的投资组合，能在十年后胜过无人主动管理的美国标普500指数的表现，赌期为十年。

当赌约结束后，所有赌金交给赢家指定的慈善机构。

似乎可以想象当时华尔街基金经理们的反应，但等待有些漫长，最终母基金Portege Partners的基金经理泰德·塞德斯（Ted Seides）接受了挑战，选取了五只母基金作为的自己的投资组合（这五只母基金涵盖了数百只主动管理的对冲基金，意味着背后有诸多优秀的华尔街基金经理、一群顶尖的聪明人），与标普500指数进行比拼。

赌局从2008年1月1日开始，已在2017年12月31日正式到期。

如表9-1所示，标普500指数以125.8%的十年累计回报率打败了精挑细选的对冲基金组合的表现，在这五只对冲基金中，最差的一只收益甚至不如余额宝。

表9-1 对冲基金与标普500指数

年　　度	对冲基金A	对冲基金B	对冲基金C	对冲基金D	对冲基金E	标普500
2008年	-16.5%	-22.3%	-21.3%	29.3%	30.1%	-37.0%
2009年	11.3%	14.5%	21.4%	16.5%	16.8%	26.6%
2010年	5.9%	6.8%	13.3%	4.9%	11.9%	15.1%
2011年	-6.3%	-1.3%	5.9%	-6.3%	-2.8%	2.1%
2012年	3.4%	9.6%	5.7%	6.2%	9.1%	16.0%
2013年	10.5%	15.2%	8.8%	14.2%	14.4%	32.3%
2014年	4.7%	4.0%	18.9%	0.7%	-2.1%	13.6%

（续）

年　　度	对冲基金 A	对冲基金 B	对冲基金 C	对冲基金 D	对冲基金 E	标普 500
2015 年	1.6%	2.5%	5.4%	1.4%	-5.0%	1.4%
2016 年	-3.2%	1.9%	-1.7%	2.5%	4.4%	11.9%
2017 年	12.2%	10.6%	15.6%	N/E	18.0%	21.8%
最终收益	21.7%	42.3%	87.7%	2.8%	27.0%	125.8%
平均年收益	2.0%	3.6%	6.5%	0.3%	2.4%	8.5%

数据来源：伯克希尔·哈撒韦 2017 年致投资人的信。

五只对冲组合基金背后的一群华尔街的顶级聪明人败给了无人管理的标普 500 指数。答案在于指数本身所包含的就是优秀的上市公司，而上至母基金、下至对冲基金，干活都要收费的，会收取管理费与业绩提成，层层剥夺利润。基金的业绩无论好坏，都要收取费用，行情好，基金经理们获取更丰厚的回报，而投资者们却并没有。

所以作为投资者，买基金不要被剥下一层皮，投资简单就好，大可选择成本低廉的上证 50 指数基金以及沪深 300 指数基金进行投资，不需要选股，便可享受到国家经济繁荣所带来的回报。

当然，买入指数基金也是需要技巧的，交易位置完全可以参考上证指数与深证成指的神奇估值线来进行判断，长期持有！

截至 2018 年 12 月，亿牛网站给出的市盈率估值数据为，上证指数 12.48 倍市盈率，沪深 300 指数 10.47 倍市盈率，上证 50 指数 9.62 倍市盈率。

对于我来说，这就是最好的投资机会，指数基金也好，股市中优秀的低估值上市公司也罢，在熊市，都是极好的投资机会。

如图 9-1 所示,我在上证 50 指数下方画出了一条线,长期看,股市的运行规律永远是不规则的向上波动。

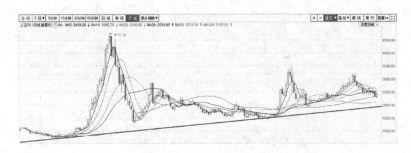

图 9-1　上证 50 指数月线走势图

如图 9-2 所示,沪深 300 指数走势同样如此,长期看,永远向上波动。

图 9-2　沪深 300 指数月线走势图

四、难得熊市：人生几轮牛熊

无论上证 50 指数,还是沪深 300 指数,都是大盘指数(沪指与深指）的分支，彼此间息息相关。投资者一生有机会经历的牛熊周期，并不算多，错过一次少一次。

如表 9-2 所示，近 30 年的 A 股历史可以粗略算作大大小小九次完整的牛熊转换。

表 9-2　上证指数历史牛熊周期

	时间起点	时间终点	起始点位	终止点位	涨跌幅	周期/月
牛市	1990 年 12 月	1992 年 5 月	95.79	1429.01	1392%	18
熊市	1992 年 5 月	1992 年 11 月	1429.01	386.85	-73%	7
牛市	1992 年 11 月	1993 年 2 月	386.85	1558.95	303%	4
熊市	1993 年 2 月	1994 年 7 月	1558.95	325.89	-79%	18
牛市	1994 年 7 月	1994 年 9 月	325.89	1052.94	223%	3
熊市	1994 年 9 月	1995 年 4 月	1052.94	547.21	-48%	8
牛市	1995 年 4 月 27 日	1995 年 5 月 22 日	547.21	926.41	69%	1
熊市	1995 年 5 月	1996 年 1 月	926.41	512.83	-45%	9
牛市	1996 年 1 月	1997 年 5 月	512.83	1510.17	194%	17
熊市	1997 年 5 月	1999 年 5 月	1510.17	1047.83	-31%	25
牛市	1999 年 5 月	2001 年 6 月	1047.83	2245.44	114%	25
熊市	2001 年 6 月	2005 年 6 月	2245.44	998.23	-56%	49
牛市	2005 年 6 月	2007 年 10 月	988.23	6124.04	520%	29
熊市	2007 年 10 月	2008 年 10 月	6124.04	1664.93	-73%	13
牛市	2008 年 10 月	2009 年 8 月	1664.93	3478.01	109%	11
熊市	2009 年 8 月	2013 年 6 月	3478.01	1849.65	-47%	47
牛市	2013 年 6 月	2015 年 6 月	1849.65	5178.19	180%	25
熊市	2015 年 6 月	2016 年 1 月	5178.19	2638.3	-49%	8

熊市周期一般长于牛市周期，是因为震荡市也计算在熊市周期中；若非如此，熊市周期与牛市周期相差无几。除此之外，其

实在难以找出什么规律（上证指数市盈率估值周期在第四章第六节市盈率估值法中已经阐述）；不过还是可以发现一些有趣的现象。

九轮熊市中，有三轮熊市跌破了上轮牛市的启动点，分别是：

1993年2月至1994年7月，18个月跌幅79%，迎来了3个月223%的牛市涨幅；

1995年5月至1996年1月，9个月跌幅45%，迎来了17个月194%的牛市涨幅；

2001年6月至2006年6月，49个月跌幅56%，迎来了29个月520%的牛市涨幅。这49个月的熊市周期，是A股1990年至2018年近30年历史中最长的熊市周期。

由此可见，在股市中，熊市周期越长，跌得越惨，牛市中的上涨力度就会越大。还是拿弹簧做比喻，向下摁的力度越大，其中积蓄的能量也就越足，弹起来越有力量。

熊市买股票，越跌越买，熊市中永远不要怕惨，当惨无可惨时，也就惨不动了。其中的内在逻辑在于，股价长期看总是在围绕着价值运动，当下跌的空间多，估值随之降低，当下跌的时间久，上市公司在此期间盈利，内在价值提升了，估值同样会随之降低。

我们通过表9-1可以发现，投资者无法确认股市中的牛熊转换周期，没有周期规律，就是股市的周期规律。

有因为政策影响，最低不足一个月的牛市周期（其中2个交易日涨幅43%），以及1994年7月至1994年9月3个月的短牛周期；亦有25个月的长牛周期（2013年6月至2015年6月），以及25个月（1999年5月至2001年6月）、29个月（2005年6月至2007年10月）的长牛周期。

熊市同样如此，有最短7个月的熊市周期（1992年5月至1992年11月）；亦有最长49个月的长熊周期（2001年6月至2005年6月）。

如果细数，每一轮的牛市涨幅几乎都是大于熊市跌幅的。

如图9-3所示，从月线的角度观察，1990年12月至2018年12月，上证指数仅在2005年大熊市中，跌破了最下方的这条红线，随之便迎来了疯狂的6124点大牛市行情。除此之外，上证指数就几乎没有跌破过红线。虽然每一次的熊市接近下方这条红线时，总会有成批的投资者在担忧……

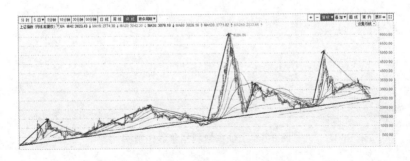

图9-3　上证指数月线走势图

如图9-4所示，从年线周期的角度观察，如果以跌到最下方的红线位置算作一次熊市的话，那么A股市场共计五次牛市，五次熊市。

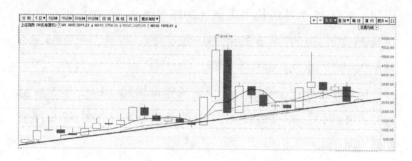

图 9-4　上证指数年线走势图

如图 9-5 所示,从年线周期的角度观察,上证指数就几乎没有跌破这条线;周期足够长便可以发现,A 股市场从始至终都是向上波动的走势。

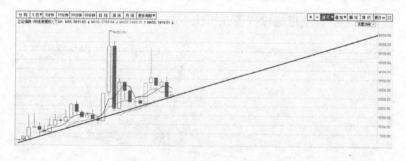

图 9-5　上证指数斜角年线走势图

如图 9-6 所示,换一个角度观察,同样是年线周期,会更加震撼。

所以投资者有必要为每一次的熊市而担忧么?做时间的朋

友，在股市中投资周期足够长，便会享受到足够的利润。

股市的牛熊周期没有规律可言，但长期看，无论牛熊是如何转换的，股市都不是 M 形走势，而是连续 N 形走势，是一次次的新高，永远是没有没有规律的向上运动。

较为尴尬的是第十次牛市，2016 年 1 月至 2018 年 1 月，上证指数由 2638.3 低点上涨至 3587.03 高点，涨幅 36%；25 个月牛市周期。同期，深证成指由 2018 年 1 月 8986.52 低点上涨至 11633.43 高点，涨幅 29%；创业板指数由 2018 年 1 月 1888.25 高点下跌至 1852.23 低点，跌幅 2%。这是一轮典型的"二八行情"，低估值的大盘蓝筹上涨，高估值的小盘股继续下跌。

考虑到按照足够长的周期计算（月线与年线级别），2016 年 1 月 27 日的 2638 点未触及月线与年线级别的红线，如果这轮 2638 点涨至 2018 年 1 月 3587 高点的"二八行情"不算牛市的话，那么从 2015 年 6 月至 2018 年 12 月，已经熊了 43 个月了。

43 个月距离 A 股最长 49 个月的熊市时间，已经十分接近了，但如果紧盯着 A 股最长 49 个月的熊市周期，会陷入周期陷阱。

大盘指数是所有参与者的资金与情绪的碰撞，是无法预测的，所谓的 A 股最长 49 个月的熊市周期，或许可以更长，也或许可以更短。无论牛市还是熊市，都有上涨与下跌的股票，跌至低估值的股票，总会上涨。当确认牛市到来时，很有些低估值的优秀上市公司，已经走出了一段波澜壮阔的行情了。

在 2018 年的 A 股低迷时期，我曾发表过万点论，观点依旧不变。

如果从足够长的投资周期看，2015年之后的跌跌撞撞，都可以算作是深度调整。毕竟当时上证指数对应20倍左右市盈率，高于15倍中间值，泡沫还不算太多，便迎来了股灾。

虽然无论从月线图观察，还是从年线图观察，上证指数在2015年股灾后，下跌至2018年年末，已经跌到了红线位置；但从估值观察，依旧没有跌到上证指数2014年最低9倍左右滚动市盈率。

总有投资者在疑问，赚钱不是应该在牛市么？恰恰相反，亏钱是在牛市发生的。

熊市不买股，牛市白辛苦，这句段子细细品味，完全在理。

我们再换一个角度观察股市的交易周期，2018年A股已经惨到了地板上，上证50指数已到10倍市盈率水平，需要担忧继续下跌么？

以最残酷的情况计算，下跌不过10%左右，上涨超过100%；一笔清清楚楚的买卖，划算。

投资的最高战略，就是熊市买股票，如果投资者没有这种战略思想，那绝非合格的投资者！战略对了，不怕战术上有错误，还是会赢；但如果战略错了，最好的结局也是打个平手。

人弃我取，人取我弃！

因为人们抛售时，价格是便宜的，人们争抢时，价格一定是贵的。

纵观A股市场近30年历史，如果不算建立股市初期，最波澜壮阔的两轮大牛市在2007年与2015年。

2018年A股的惨状,与2007年至2015年的牛市前期的熊市相比,相似得惊人。人们谈股色变,股票也跌到遍地黄金,敢于捡起来的人不多。

有很多投资者抱怨A股市场,牛短熊长。毕竟按照周期计算,震荡市也算熊市的话,那么A股的熊市月数量的确大于牛市月数量,牛短熊长,还是有依据的。

由此,很多投资者抱怨A股跟跌不跟涨,看看别人家的股市,涨了近十年,哪怕跌入技术线熊市,很快便开始反弹了。

请不要身在福中不知福。

道琼斯指数2009年6469.95低点开启牛市,2018年26951.81高点终结牛市,涨幅316.57%,历经116个月。

这116个月还不如A股30个月,2005年6月至2007年11月,上证指数涨幅513.49%;历时30个月,超过了116个月的效果。

同样一个周期,我们波动更多、更大,赚钱也就更多。

要知道,大众投资者并非巴菲特。巴菲特赚取收益并非单纯地依靠股价波动,没有波动他也赚钱。对于投资者来说,最终赚取的收益源于股价的波动,没有波动就不会赚钱。

短线投资者赚取高风险的几个点波动,价值投资者赚取的是更大周期的更安全波动。

A股近30年的历史,如今可以算作大大小小约十次完整的牛熊周期了,意味着平均三年左右会有一轮牛熊。波动更多、更大，赚取的收益也就更多。所以说，我更喜欢熊长牛短，更喜欢A股，而非慢牛。

也许你们很难想象我对于熊市，已经珍惜到了哪种"境界"。在熊市最惨烈哀声遍地时，我珍惜手中的每一手股票，珍惜手中的每一分现金，减少消费，在不融资的前提下，在不影响家庭正常开销的前提下，恨不得将家中掘地三尺，"刨出"一切可以动用的现金，继续买入股票，从而表达我对熊市足够的尊敬。

五、最高奥义：一个字的不败心法

投资者总是忍不住想要频繁交易股票，以及做不到长期持有股票。

每一次的熊市都惨不忍睹，市场中哀声遍地，面对股票不断下跌，恐慌的情绪弥漫在市场中每一个角落，令每一位投资者心惊胆战。就算是熬过了一次甚至两次以上熊市的老油条，享受过了那种从熊市迎来了牛市的美好快感以及充实的成就感，在经历下一次熊市的时候，依旧会心慌。

尤其是，当某家原本业绩优秀的上市公司，突遇利空消息或业绩下滑，导致股价剧烈下跌，腰斩后再腰斩，少有投资者可以坦然面对，更不要说再买入了。

越跌越买、越惨越买是我的投资优势，我似乎对于恐惧有着天生的漠视，但这同样成了我的投资弱点：当熊市满仓后，面对股票继续下跌时，克服内心杠杆操作的冲动，同样不是一件易事。如同很多投资者不敢在熊市下跌中买入，满仓后面对低估值的股票总有杠杆欲望是我始终在克制的投资弱点。

作为投资者要明确自身的优势与劣势，了解自己究竟是在干什么。我牢记A股每一次股灾后的波动，同样谨记在股市中，没有什么是不可能发生的。少看股市行情，熊市中关注依据估值线设置的加仓点位，逐渐满仓后，在最受煎熬时，卸载手机端与电脑端的股票交易软件。此后三五周甚至可以三五个月扫一眼股市行情，继续蛰伏。熬到牛市时，关注依据估值线设置的减仓点位，逐步减仓直至清仓。再次卸载交易软件，等待行情颠覆、牛市终结，直到开启新一轮的牛市。

总之，总结为一个字：熬！并不仅限于卸载交易软件，要用你最擅长的方式熬过去。

当前，熬的前提是，所持有的股票一定是低估值以及合理估值的优秀上市公司股票，而不属于那些业绩恶劣、有退市风险的上市公司。只要一家上市公司不会倒闭，没有退市风险，你没有在疯狂到离谱的高估值买入，解套或者盈利仅仅是时间的问题。

当然，既然要熬，选择那些优秀的上市公司来熬不是更好么？每个人一生的时间都是宝贵的，与其浪费在平庸的上市公司，倒不如与优秀的上市公司共同成长，这个过程，其实并不煎熬。只要投资者慷慨地给予优秀上市公司资金与时间，一定会获取丰厚的回报。

最后，不需要浪费多少脑细胞，请牢记：

1. 在买入股票之前，如果你有足够的钱，会不会买下这家公司？

2. 就投资而言，精神态度远大于投资技巧。

3. 不需要考虑卖出的投资，才是一笔真正成功的投资。

4. 无论任何时间、地点，永远没有赚快钱、暴富的好事；每一次快速暴富的背后，都有一个深坑等着埋人，财不入急门。

5. 投资是一场马拉松，耐力投资。

感受这五句话，真正领悟，你就会跑赢市场中90%的投资者！